中华先烈人物故事汇

邱少云

军事科学院解放军党史军史研究中心编写组

学习出版社

中华先烈人物故事汇——《邱少云》

主　编：李艳梅

副主编：陈秋波　邱　雷

编　委：王　冬　张容华　王清晨
　　　　郭　宏

编　著：秋　实

目 录
Contents

引　子

在朝鲜铁原郡东北部 391 高地上，高高地耸立着一座石壁，上面镌刻着鲜艳夺目的红漆大字："为整体、为胜利而自我牺牲的伟大战士邱少云同志永垂不朽！"

邱少云，1926 年 7 月 12 日出生。四川省铜梁县关溅乡玉屏村邱家沟（今重庆市铜梁区少云镇）人。1949 年 12 月入伍。中国人民志愿军第十五军二十九师八十七团九连三班战士。1952 年 10 月 12 日在抗美援朝战争秋季战术反击作战中壮烈牺牲。

邱少云从小饱受人间的辛酸和折磨，10 岁那年父亲被船主迫害致死，12 岁时母亲病逝，他带着两个弟弟逃过荒、要过饭，给地主打过短工、扛过长工，后又被国民党反动军队抓了壮丁。

1949 年 12 月，在成都战役中，邱少云所在的国民党第二十四军宣布起义，他随后加入中国人民解放军，被编入第二野战军第十军二十九师八十七团九连三班当战士。入伍后，参加了四川剿匪平叛的战斗，他机智勇敢，智拿土匪小头目、勇擒匪枭刘云熙，受到团嘉奖。

1951 年 3 月，邱少云响应毛主席"抗美援朝，保家卫国"的伟大号召，积极报名参加中国人民志愿军，随其所在的第二十九师调归中国人民志愿军第十五军建制。入朝后，他服从命令听从指挥，行军途中忙服务，火线运输当先锋，处处模范带头，苦练战术技术。部队的教育和锻炼，使他不但军事技术过硬，思想和政治觉悟提高也很快，明白了"为人民扛枪、为人民打仗"的道理，特别是懂得了严格遵守纪律对部队整体和取得胜利的极端重要性。

1952 年 10 月 11 日，闻名中外的上甘岭战役打响前夕，邱少云所在九连奉命执行攻击 391 高地的任务。他和数百名战友趁夜潜伏在距敌人前沿仅 60 多米远的开阔地蒿草丛中，以达成对敌突然攻击的态势。当潜伏至次日中午时分，敌军向开阔地试射燃烧弹，其中一发正好落在邱少云潜伏点附近，草丛立即燃烧起来，火势迅速蔓延，燃着了他身上的伪装网，不一会儿他身上的棉衣、棉裤、军帽、头发也都相继燃烧了起来。而他的身后就有一条水沟，只要后退几步，就势一滚，就可在泥水中将身上的火苗扑灭。然而，为了严格遵守出征前师团首长一再强调的潜伏纪律，决不能暴露目标，确保全体潜伏人员的安全和攻击任务的完成。他咬紧牙关，任凭烈焰无情地吞噬着他的肌体，强忍着周身被烈火焚烧的剧痛，克制着全身因剧痛而本能的痉挛。他的身子紧贴着地面，双手深深地插进泥土中……烈火中的邱少云就这样像一尊巨石趴在潜伏地纹丝不动，直至壮烈牺牲。他用生命实践了他在入党申请书中的钢铁誓言："宁愿自己牺牲，决不暴露目标，为了整体，为了胜利，为了中朝人民和全人类的解放事业，愿献出自己的一切。"

战后，志愿军第十五军党委追认他为中国共产党党员，追授他"模范青年团员"称号。1953年6月1口，中国人民志愿军政治部为他追记特等功，追授"一级英雄"称号。同年6月25日，朝鲜最高人民会议常任委员会追授他"朝鲜民主主义人民共和国英雄"称号和金星奖章、一级国旗勋章。

邱少云用生命锻造了一名军人对祖国和人民的无限忠诚，成为人民军队严守纪律、自我牺牲精神的光辉典范。他这种严守纪律，为整体的胜利而牺牲个体生命的英雄行为，不仅极大地震撼和激励了志愿军前线将士，也震撼和激励了朝鲜军民，更深深地影响着共和国一代又一代军人。它深刻地告诉我们：无论是社会、军队，还是哪个团体，纪律是铁，纪律是钢，遵守纪律是完成一切任务的根本保证。而这种自觉的纪律意识，来自平时，靠点滴养成。加强纪律修养、增强纪律意识是每个人一生的必修课。任何时候，对上级的规定、指示、命令，都要坚决执行；无论在什么场合、什么情况下，都要自觉用纪律严格约束自己，关键时刻甚至用生命去维护纪律！

01 走进人民军队

"苦水"里泡大的"解放"战士

1949 年 10 月，中华大地沧桑巨变，毛主席在天安门城楼庄严宣告新中国成立了。然而此时，还有国民党军残余势力在共和国的部分地区据险顽抗，妄图为覆没的蒋家王朝作最后的挣扎。

为了把美丽富饶的大西南从国民党的蹂躏下拯救出来，1949 年 11 月 21 日，就在第二野战军主力突破国民党"西南防线"并向纵深展开进攻时，刘伯承、邓小平以第二野战军司令部名义向西南国民党军政人员发出了四项忠告：停止抵抗，弃暗投明，悔过自新，立功赎罪。

刘邓的"四项忠告"犹如射向敌人营垒的重

磅炮弹，在西南国民党上层人员中引起了强烈的震荡。西南各地的国民党残余部队纷纷率部起义，决心弃暗投明。

邱少云所在的国民党第二十四军一部，就在起义部队之列，他成了一名"解放"（作战中被解放军俘虏，从而加入解放军的国民党军战士）战士。

一天，上级通知部队去领新兵。第十军二十九师八十七团九连连长与其他各连的连长一道都兴冲冲跑到营部。

听说连长朱斌去领新兵，九连各班的班长哪里还待得住！没等连长返回，他们就早早挤进连队的临时指挥所，等待领走自己期待的新的作战力量。

不一会儿，朱连长回来了。他带回20来个小伙子。他们中有的穿了军装却打双赤脚板，有的扎皮带却穿自家的长衫，有的身上还没来得及脱掉讨厌的"狗屎黄"。没等朱连长发话，班长们就已上去拉住自己看中的人，往自己班里拽。一瞬间，新兵们就被挑完了，唯独一名身板细长、面孔黄瘦的青年没人挑。

院子里一下子静了下来。几个班长不敢正视连长，有的目光偏向一边，有的干脆低下头去，生怕因为自己站得过于显眼，引得连长把这个细脖子、焦黄脸、身穿"狗屎黄"（当时国民党军队军服的颜色）的瘦兵分给自己。

瘦兵的目光一下子模糊起来，他几乎不敢看任何人，一种被抛弃的感觉涌上心头。他觉得自己受到了伤害，但他强忍着，把期待的目光投向了朱连长。因为他初次见到这位连长，就被他威严而又亲切的神态所感染，觉得他身上有一种亲和力。

朱斌对这种场面见多了。他笑笑，指指躲躲闪闪的三班长说："三班长，邱少云同志就分到你们班。"

三班长慌了，忙说："三班可是爆破班哪！战斗中要给大部队打通道什么的，他这身子攒不出几两劲儿，行吗？"从不跟领导讲价钱的三班长，今天也跟连长争辩起来。他红着脖子给连长建议："把邱少云分到炊事班吧。"

一听这话，性格绵软的炊事班长老孔也急了，一蹦老高："连长，这大锅也有几十斤哪！要是平日，收他干点啥都行，可是眼下成都战役刚刚结束，溃不成军的敌人已向西康方向逃窜了，部队随时要准备战斗。"

短暂而难堪的沉默中，忽然爆出一个异常气愤的声音："好啰，都不要老子，老子走人还行！"这声音，把大家都弄愣了。他们抬头一看，只见邱少云已提起自己的布包，一步跨出小院坝。

"哪里去？少云同志！"连长大声喝住邱少云。他没想到，在这个瘦弱的青年人身上，竟有这么一股子倔劲。

"你们看不上我，就莫拦我啰！"邱少云气冲冲地立在门口委屈地说道，"没得路走，不如早一天刨开爹娘老子的坟坑，和他们睡一起。"很显然，他的自尊心受到了损伤。"嗬，牛劲还不小哇！"连长笑了。他就喜欢这个倔劲，决定让这个邱少云留在三班。连长走到邱少云身边，"当兵可要准备吃苦哩！"说着，两眼朝他那瘦骨嶙峋的身板打量一番。

"苦？哪个没吃过？"邱少云硬邦邦地甩出几

个字，"你们跑多少路，我也跑多少路，你们跳得上的坡，我也跳得上。跳不上，你罚我！"

开始几天，邱少云和大伙合得来，可是没过几天，三班长就气呼呼地找到连长朱斌："你去看看吧，这个新兵我没法带了。"

"啥事？慢慢说。"连长一惊，忙起身给他端过去一条板凳。

"这个邱少云，脾气实在太古怪。我在部队这么多年，还没见过这样怪癖的人。到革命部队来是自愿的，没谁强逼，可他却像谁欠他几吊钱，闷得像个土疙瘩。问急了应付你一句半句，只是'对头''不对''要得''要不得'，想再往下听，他一句话也没有了。今早起床后新兵集合，有同志提议，休息时每个同志都来一段家乡戏，轮到他，他可好！拧着眉头硬是不开腔，弄得大家都扫兴。过后，又一人躲起来呆望着天空，好长时间一动不动。我悄悄跟过去瞅了瞅，有啥呢？啥也没有，天上就是几片白云……"

"就这些？"连长问。

"……嗯。"

"同志呦！"连长向三班长身边靠了靠，"昨晚，我和几位新兵聊天，了解到邱少云是含了一肚子苦水参加解放军的。他是一个穷娃儿，饱受了人间种种的辛酸和折磨，养成了沉默寡言的个性。10岁死了父亲，接着母亲也不幸病死。他12岁起就开始帮工扛活，22岁时被伪保长用一根绳子捆住，抓进'壮丁营'。解放军进军大西南，才使他获得新生。同志呦，参加咱们队伍的多是被逼得没路走的穷青年。遭遇不同，走过的路不同，怎能强求一致呢？部队是革命的大家庭，什么人走进来都会得到温暖，啥样怪脾性的人待久了都会慢慢变过来。我们大家都要学会做政治思想工作，把温暖送到每个战士的心坎才行。"

"是！"三班长没多说，给连长敬了个礼。

上午，三班长给新兵分配任务："你们先休息，整理个人东西。咱们班的老同志，现在都在码头上扛粮食，从当前的形势看，征粮工作是保卫红色政权的关键，所以一大早……"

"班里同志不在，咱们休息啥？咱们也到码头上去。"新兵中有人提议。

三班长拗不过大家，只好领着他们来到江边码头。

天气阴冷，河岸停靠的木船随波起伏。码头上，人群拥挤，水泄不通。部队从地方征来的公粮大都从这里装上船，再运到重庆等大城市和工业区。岸边，堆着成堆的箩筐、麻包，空气中散发着粮食味儿、尘土味儿，呛得人喘不过气。码头上拉起了大横幅：多征公粮，支援前方。

战士们喘着粗气来回奔跑，上船的跳板被他们踏得一颤一颤的。

新兵上了码头。一个大个子老兵走过来，一眼盯住未来得及换掉一身"狗屎黄"的邱少云："喂，这位同志，你是'自愿'参加的？家里成分是什么？是地主？是贫农？"

三班长提醒他："大个子，我警告你，不许欺侮新同志！"大个子兵不在乎地笑一笑，就去搬麻包去了。大冷天的，他穿着单衣，身上被汗水湿透了。

此时，师长来到江边察看运输情况，他一眼望见大个子，兴冲冲走过去："棒啊！一肩扛它二三百斤不成问题。哪儿来的？"

"山东解放区呗！"大个子抹抹汗。答完，瞟了瞟身穿"狗屎黄"的邱少云。

这一眼，刺痛了邱少云。他没理大个子，憋了一口气扛起一麻包稻谷，就往跳板上走。谁料麻包一上肩，他眉毛紧拧一下，脊背像触了电，身子猛一歪。这动作偏叫大个子看见了："喂！我说这位同志，不行你就歇着去。细胳膊瘦腰，会闪了你……"

邱少云没吭气，稳稳地扛着麻包向木船上走去。

"牛劲倒不小。"大个子想了想，待邱少云从船上下来，他迎上去，眼里闪着顽皮，"有本事，把这个麻包扛起来看看！"

邱少云往他脚边看了看，躺着个特大号的麻包！像是谁家自制的麻袋，足有 300 斤！大个子兵认为没人能对付得了，特意搬到自己脚前。大个子这是想让邱少云当众出丑。

只见邱少云先把那个麻包竖起来，蹲下腿，猛一使劲，麻包滚上脊背，人也站了起来。

"行啊!"起初,大个子没事似的说讽刺话,可当他发现邱少云背着麻包一步一步接近跳板时,不再笑了,撵过去,口气变软:"放下吧!这位同志,开开玩笑。"

邱少云低着头,喘着粗气向前走,一步,一步,踏上了窄跳板。

大伙见状都站住了,紧张地向跳板上望。只见邱少云每挪一步,身子都像被抽打似的颤抖一下。

这时怎么放?往哪放?

"小心,少云同志!"三班长在后面提醒道。

邱少云停了一下,片刻后,身子一挺,又向前迈开双腿。跳板在脚下"咯吱""咯吱"地响。大个子再也看不下去,拨开人群跨上跳板,用手托住麻包。

"走开!"邱少云拼力吐出两个字。大个子吓愣了。邱少云紧走几步,把麻包撂到了木船上。所有的人大舒了一口气。

邱少云走下木船,还不停地喘着粗气。没人敢和他说话,众人给他让出一条路。他没去货栈,而是朝来的路走去。和他一起"解放"过来的新战士李士虎气愤不过，一甩手，也随他离开了码头。

"大个子，你等着！今晚班务会上再和你算账！"三班长狠狠地说道。

大个子没顶嘴，还傻愣在那儿。

晌午，码头上干活的战士都回到营房。院子里脸盆、水桶碰得叮咣响。大个子一手端着一碗饭，怯怯地走进宿舍。

"吃吧！头锅下的面，刚挑起的。"大个子把两个碗分别推到邱少云和李士虎面前。

邱少云没动碗。大个子看看他，这下没招了，回头直瞅班长。三班长对两个新兵说："少云同志，今天的事我有责任。从当前的形势来看，胜利来得很快，不少老同志头脑里冒出骄傲自满的情绪，看不起新同志……"

三班长的话和"当前的形势"联系起来，这问题就严重了。邱少云一看大家摆开架势劝他吃饭，不吃问题就更严重了，只好拿起碗。大个子看到邱少云手端着碗，脸部表情也缓和了，才如释重负地跑了出去。

一碗面刚下肚，大个子又端过一碗，热情地说："再添一碗！吃饱了洗澡去，团部今天专给新战士烧了洗澡水。"

"一定要痛痛快快洗个澡，刚才扛麻包时，我闻到你身上有一股味儿。"大个子边说边从自己的床铺上拉出一个小包袱翻腾着，三把两把选出一套干净的衣裤、新毛巾和一块肥皂递给邱少云。

邱少云不接。他没动身，用手裹了裹黄棉衣。

"不洗澡？"大个子急了，"不洗澡是不讲卫生！"

大伙也都围上来劝，左说右说他就是不动，劝得紧了，他干脆裹住棉衣往后退，像是怕人剥他的衣服。大个子磨不过，一跺脚，跑出去找连长。

"连长，看看去吧！上午我捉弄了他，我检讨。可他也不能往心里记呀！这么古怪的人真少见，往后没法往一块处。"

连长一听，向大个子一摆手："走，去看看！"

三班宿舍里，新兵邱少云依然裹着黄棉衣坐在墙边。同志们围着他，谁也不敢向前挨。

"少云同志，为啥不去洗澡呢？"朱斌问。

邱少云没回答，害怕似的躲闪了一下。连长挨着他蹲下，声音放得很轻："洗洗吧！你身上都有一股子难闻的味儿了。"

他说着，就动手扶邱少云站起来。不料手刚触到邱少云的脊背，就发现邱少云的身子猛一抖，像溅上了火星子，眉毛也倏地拧成一个疙瘩。他意识到这个战士正强忍着一种疼痛。

"你身上有伤？"朱斌连忙站起来，动手要去解邱少云的黄棉衣。

邱少云慌了，死死裹住棉衣后缩，一直退到墙角。一双异常的眼睛仿佛在警告：谁也别向我靠一步。全班同志都被这气氛弄得有点儿紧张。连长把屋里的木炭火移到他身旁，后退两步，大声喊道：

"听命令！邱少云，把棉衣解开！"

听到命令，邱少云慢慢站起身，开始解棉衣。

他慢慢地解开纽扣，一股难闻的腥臭味儿蹿了出来……棉衣一脱下，所有的同志都愣住了：那是一件衬衣吗？已被脓血染得变了色。鲜红的是刚刚流出的，紫黑的不知是多久前流出的，一团团、一片片结成了痂，沾在皮肉上。

大家这时才意识到：一身讨厌的"狗屎黄"下边，埋藏着难言的酸苦。

新兵李士虎冲着大个子兵扑过去，"哇"的一声哭喊起来："大个子，你以为他喜欢这身'狗屎黄'吗？你以为穿一身'狗屎黄'的人都是有钱人吗？你……"

此刻，人们看见退缩到墙角的邱少云动了一下厚嘴唇，但是木讷半天也没说出一句话来。李士虎急了，看了少云一眼，见他仍不吱声，就干脆替他说了出来："少云的家乡，在铜梁县关溅乡玉屏村邱家沟……

"在那个穷得要命的小山沟，邱少云吃了20多年的苦！他一年到头拼命地扛工做活，想改变穷命，可是穷命始终没有改变，他是为了两个么兄弟，才一直勉强地活着、撑着的……

"他本来是在安居镇傅家面馆当堂倌的，在那里他什么活都干，什么样的苦都能吃，可是老板从不把他当人待，天天累得要死要活，也不能让兄弟俩吃上一顿饱饭。累病了，还遭老板的训斥和打骂，他一气之下就跑回了家。可是，到家的第二天，伪保长就带着3名乡丁突然闯入他家，啥话没讲动手就拧住他的胳膊。邱少云气愤地问：'为啥子捆我？'他们说：'送你去城里吃官饭。'邱少云拼命挣扎，夺门而逃，门却被伪保长堵住了。他又抽身跳窗子，却被乡丁死死抓着胳膊。猛然间，脑壳又被板凳砸中，双手就被绳子捆住，被拖出草屋，拖出邱家沟。后来才听说是前方硬是顶不住了，川军就在乡坝里抓丁。一些伪乡长、伪保长的儿子抽中签却不想送死，就让穷人顶替……

"邱少云被拖到关溅乡公所的一幢小楼上，关进一间不到10平方米的黑屋子里。这时，小屋子内已关押了十几个被抓来的青年人，我也在里面。后来，邱少云在国民党军队中当伙夫，有一次他不小心把饭做煳了，被国民党营长捆起来打得皮开肉绽，还罚站一夜，他身上的伤就是那次被打的……"

李士虎的话还未说完，只听大个子哭着说："好兄弟，我对不起你，确实不知道你吃了这么多苦，不知道你有伤，让你带伤扛300斤的大麻包……我……"

三班长低下头，不安地检讨："这几天，他和我们一起干活、训练，一声也没吭过。我太粗心了。"

连长走向前，一把抱住邱少云："这样的伤，咋不早说呢？"他声音变得沙哑。

邱少云没吭声，粗眉毛下警惕的双眼注视着连长："你们不会撵我走吧？"邱少云怯生生地问。多少天来，他悄悄咬牙忍痛，就是为了这个原因。

连长被深深地感动了，肯定地告诉他："少云同志，我们不会撵你走的，到了部队，我们就成为阶级兄弟了，我们还要一起去杀敌人呢！"

九连是个温暖的大家庭

连长把木炭火又向邱少云身边移了移，叫通信员去喊医生。邱少云不知他要做啥，缩紧了身子。

连长亲切地安慰说："脊背烂成这样，得先治一治，不洗怎么行呢？带伤怎么打仗？"

连长叫人打来一桶开水，又解开自己的上衣兜掏出一块方手绢，这手绢是崭新的，一次没用过。没等少云来得及想，连长已把它按进水桶，拧出来就往他脊背上擦，嘴里说："这手绢没用过，卫生！保险不感染。先洗洗，洗干净叫卫生员来上点药。"他把邱少云结痂的衬衫先用水浸湿，然后用手指一点点从皮肉上揭下来，连长一丝不苟继续擦洗着。邱少云心里不是滋味，一挺身站起来："连长，莫管它啰，一月两月它自己能好。"

连长按住他："别傻了，伤不治怎么会好呢。趴下，让我擦完。"

邱少云又一次被扶到铺位上。他的眼睛发涩，泪水不住地往外流。

"痛吗？"连长问。他见邱少云落泪了，以为自己手重，赶忙住了手。

邱少云抽搭着摇摇头，哽咽得说不出话来。

"不痛？……我不信！"连长见他摇头，说，"脓疮烂成这样，咋不痛！咬住牙，忍一忍，等把脓血洗净了，上点药，好起来就快了。"

他的动作放得更轻、更慢。

晚上，邱少云躺在床铺上睡不着。白天的事，一件一件往眼前涌……

忽然门缝一亮，走进一个人来，轻手轻脚来到了邱少云的床头。

邱少云见是连长，心一热，一下子坐起来。

"少云同志，背还痛吗？"连长问。

邱少云摇摇头，感到有东西哽住了喉咙。

连长轻声安慰道："放心吧！脊背会好的。刚才炊事班长听说你脊背生了脓疮，特意献了一个偏方，说用清油拌草籽，能治好这类伤。我们研究了，只要能治病，伙房里的清油尽管用……"

邱少云一把抓住连长的手，说："现在连队生活这么苦，每人每月吃不到二两油，为了我……"

"嗨！"连长打断他的话，"少吃点油怕啥？大伙都盼你的伤快好！"

邱少云鼻子一酸：自从爹妈死后，有谁用这样和蔼的眼光看过自己？有谁这样疼爱自己、关心自己？今天，在人民军队里，这些非亲非故的人却这样亲热……邱少云再也控制不住了，泪珠子像断了线似的直往下掉。

邱少云在床上躺了几天，就再也躺不住了。

他跟随连队一起训练、劳动，明显感觉到，这个连，是个好胜、荣誉感很强的集体。上级有任务，不管是啥，连长非给九连争回个"硬家伙"；啥工作，九连不走在别人头里，就像被刮了脸皮，抬不起头，哪怕脱一层皮，也要拼力把荣誉夺回来；会前赛歌、拉号子，九连要是被人压倒了，哼！看着吧，那一晚炊事班做的饭准要剩下一大半……少云喜欢这个集体。在这个集体里，只要站一站，身上都火辣辣地长力气。

最叫人自豪的是连队的 11 面大锦旗。那是连队的宝贝疙瘩，开会时打出来呼啦啦一大片。"攻坚模范连""渡江第一连""挺进西南行军模范连"……会场上有几千人，就有几千双眼睛盯着它。平时，这 11 面锦旗珍宝似的存在文书处，行军打仗时，捆成个大包袱足有 10 多斤重，啥时都不离文书的肩——那是全连的光荣啊！多少人用鲜血换来的！

新兵进连不到 3 天，就有人把每面锦旗的来历向他们讲得一清二楚。

"看见那面'攻坚模范连'的锦旗了吗？"老兵说，"那是 1947 年豫北攻势时，咱连攻打安阳程太堡时得下的。程太堡，堡堡相通，构成联防，易守难攻。攻城开始后，九连突击排用篮子提手榴弹飞快登城，城堡被打开一个缺口，匪首程道生率手枪队退至公馆死守，朱斌连长孤身入虎穴，一人对付几十个敌人，活捉了匪首程道生……这次战斗后，纵队授予九连'攻坚模范连'锦旗一面，全连荣立集体大功一次，连长被誉为'铁头连长''孤胆英雄'。"

"连里还有哪个是英雄？"新战士急切地问。

老兵更来劲了，大手一挥，嘴巴能自豪地咧到耳根子："咱连哪一个不是英雄？加强地方政权的指导员朱纲是'抗日英雄'，成都战役时敌第九十军军长就是他亲手捉的；咱班长是'爆破英雄'，在他手下没有炸不毁的障碍，淮海战役时一人炸毁了敌人 3 辆坦克；炊事班老孔班长……"

"怎么？他也是……"邱少云眼睛瞪得溜圆。

"是英雄！"老兵说，"老孔班长是山东武城人，1942年就参加县大队打鬼子。部队打安阳时，伤亡大，有一个班的班长牺牲了，无人指挥。老孔班长送干粮到前沿，一看这情形，马上冲上去，自告奋勇当班长，带领全班打冲锋，一举抢占敌阵地。他还是出了名的'模范党小组长'，连里那面'模范党小组'的大锦旗，就是他得来的……"

"真是了不起！"邱少云浑身都被这种英雄气概激励着。从娃儿时起，他就佩服压不弯腰的人，爹就是一个。邱少云的父亲邱炳荣，是位篾匠，他勤劳过人又自信过人。当年在邱家沟，忍饥挨饿的乡亲们为了寻找一条活路，一面四处奔走帮工挣钱，一面拼命地求神、拜佛，盼望菩萨能使全家走出穷困。然而在玉屏山下篾匠邱炳荣一家的小草屋里，却从不供菩萨。爹生了一副粗壮骨架，有一双自信的眼睛，日子过得再贫寒，也听不见他叹气。爹不但样样农活精通，还编得一手绝好的篾活。他编的背篼、竹筛、箩筐，每逢赶场时一挑上集市，要不了多久就会被抢购一空。在少云的心目中，爹就是自己最佩服的"压不弯腰的人"。后来他又听说家乡邱家沟边的寨子坡上留下过农民起义军的脚印，他更以此为自豪。今天，他万万没有想到自己生活在英雄中间了，怎不叫他感到激动？更出乎他意料的是，这些英雄又那样普通、平常，和一般人没啥子两样，站在大伙儿中间，简直无法从众人当中分辨出来。

有一天，部队驻扎的简阳镇正是逢场天，赶场的农民都来看解放军，营房门口被大人、娃儿拥满了。解放了，农民像过节一样，纷纷走出封闭的村庄，来到集市看热闹，都想看看赶走国民党的解放军是啥样的人。门口的人越聚越多。人群中有纤夫，有肩扛麻袋、一辈子没直起过腰板的苦力，有挑着箩筐的农民，也有穿戴整齐的公务人员……他们挤着，两眼好奇地注视着，有的还用手指指点点地议论："看，那些胸膛前挂纪念章的，都是老八路。挂一个纪念章的是参加解放大西南的，挂两个的是参加渡江打南京的，挂3个的就是从黄河那边过来的叫乡绅、大户最怕的人，他们一见戴3个纪念章的，那些龟儿子腿都会抽筋。"

邱少云听见了，眼睛不由得朝"老八路"身

上看去，连长、代理指导员、班长胸前都有闪闪发光的 3 枚纪念章。他现在巴望自己也去打仗，去立功。

新战士的服装这时发了下来。邱少云急不可待地扒下"狗屎黄"，换上人民解放军的军衣。他捏着"八一"帽花，看了又看，擦了又擦，眼睛被泪水遮住了——曾经被乡绅、老板唾口水的人，如今将会成为他们害怕的人了！猛然间，他心跳加快，含泪把"八一"帽花别在了军帽上。

智擒土匪小头目

解放了，春天来得特别早。春节刚过，报春花、野菊花就竞相露脸，紫一串、黄一串地缀满山坡。苦苦菜、地敏菜、野韭菜、曲连菜也肥肥大大地伸出了头。要是往年，不等它们冒尖早被穷人掐光了。

然而，在这个美丽的春天里，国民党残留在

川东南的爪爪脚脚却蠢蠢欲动。农历三月初三，川东南地区的土匪一起闹事，一连几天九连驻地附近枪声不断，匪徒到处贴标语，传谣言，烧仓库，劫车船，枪杀、活埋我征粮工作队的干部。这天，竟然把一张悬赏捉拿解放军的告示贴到了九连驻地门口。

清早，邱少云起床后抓起水桶去沱江边打洗脸水。一出营门，见市面冷清，当街围着一堆人在闷声不响地看告示。过路的乡亲只顾闷头赶路，没人再"老张""老李"地和解放军打招呼，个个慌得像背后有人追。邱少云走到当街，拨开人群挤了进去，一问不由得愣了：那告示上竟悬赏要捉拿戴军功章的解放军。

少云心里明白，这为首作恶的是惯匪刘云熙。解放后，这家伙恶性不改，又纠集流窜的国民党散兵、特务、地主武装、乡间匪棚成立了"川东南反共救国游击纵队"，自称第九纵队司令，砍香赌咒要与红色政权对抗到底。

为除掉这一害，解放军入川后曾对资（中）、内（江）两县交界山区进行多次围剿，虽捕获一些散匪，但都未伤及刘云熙的筋骨。这个月初，师首长奉命去成都开会，汽车走到半路就被土匪团团围住。几百人鸣锣、鸣枪，点名要拿下师长的脑袋。师长原是八十七团的老英雄，八十七团是师长从运河两岸亲手拉起来的抗日武装，只要上级下了命令，再难攻的阵地八十七团也能攻下。那天，师长的车与土匪遭遇，盛怒之下，师长一脚踢开车门，同司机、警卫员3人占领了一座小山包，与几百名匪徒展开激战，后来大部队及时赶来才解了围。师长当即召开作战会议，声言不抓到刘匪，自己就背起背包去西南军政委员会坐班房。

为捉拿刘云熙，消灭这帮土匪，部队进行了动员部署。

九连驻扎在资、内两县交界处，上级指示他们就地发动群众，动员大家积极参与剿匪的斗争。

一天，九连的战士们正在田里帮助乡亲们干活，忽见村里一位叫郑二娃的小伙子气喘吁吁地跑来。一进田垄，就把邱少云拉到一边，咬起了耳朵。

同志们见他俩这般亲热，都在一边掩住嘴笑。

谁都知道，几天前这两个青年还是一对"仇人"，路上相遇擦肩而过，怒目相视，而现在他俩就像亲兄弟般好。邱少云听了二娃的话，倏地一下皱起了眉头："啥子？"少云浑身一颤，他叫来班长，一起去连长那里让二娃把情况再说了一遍。

郑二娃说："早晨，我到河对面回龙场赶场，半路上碰见一伙人。那些人没挑担，不背背篼，模样硬是像土匪，朝场上去了。我一看这情形，场也没去赶，半路上拐回来报信儿。"

"看清楚啰？"连长问。

"没错！"他说，"那些龟儿子在山里硬是躲不住了，一逢场就溜下来，逛街，吃馆子，抢东西。"

连长决定，让三班长带领全班进场抓几个土匪。

"三班全体都有，携带武器，到村口集合！"班长命令道。

"班长……"邱少云轻轻扯了扯班长的衣衫。

"啥事？说！"班长扭过脸来。在共同相处的日子里，他已发现不声不响的邱少云是个有心计的战士。他若开腔，必有重要的事情。

"班长，我建议咱们穿起乡坝人的衣裳再进场，莫像前几次……"

"化装？……"班长想了想，改口命令道，"都去化装吧！化了装到村口集合！"

10分钟后，村口小路上集合起10来个庄稼汉。有的穿长衫，有的短打扮，头上都包了黑帕、白帕，一律身背背篼，挑竹担。三班长看一看没问题，就带大家飞也似的向回龙场奔去。

回龙场是个不大的镇子，管辖地域却不小。逢三逢五是场天，一到赶场日，远近的乡亲都把山货、土货拿到镇上交换，鲜菜、干菜、水果、药材、家禽、家畜、竹子、木材，连名贵的沉香木、香樟木也在场上卖……应有尽有，数不胜数。

邱少云一行赶到回龙场时，正是场上最热闹的时刻。几百米一条横街，叫货摊、人群挤满了。场面上人挤人，担碰担，没点本事的人无法从人流中间挤过去。班长看了看地势，命几名战士在横街两头的铺子里警戒，自己带几名战士挤进场去摸情况。

李士虎和邱少云是一组，俩人互相递了个眼

色，装作做买卖的样子，一前一后插进了人流。

挤到茶楼前，邱少云站住脚，在茶楼附近的木材市场兜圈子。

木材市场热闹非常，光竹子就占去半个场子。邱少云在这个摊子上问问，那个摊子上看看，有时还和卖主论论货色，讨讨价钱。

不一会儿，茶馆里闹哄哄地拥出一群人来，看样子是开市后头一批进茶馆的人。邱少云的目光不停地搜寻着，突然，他向李士虎递了个眼色，跟随在一个人的后面走出了木材市场。那人拐进一条小巷，邱少云也尾随紧跟不放。邱少云再次递过眼色，让李士虎在巷口悄声等候。邱少云加快脚步……眼看伸手就可碰到那人了，他却变了主意，抢先向那人打招呼："喂！大哥儿，那边有解放军，往这边走！"

那人转过身来，上下打量着邱少云，只见他头缠白帕，衣服没扣，敞着胸脯，开口又是川东南腔调，断定是个当地汉。那人在寻思，回忆自己棚子里有没有这个人。邱少云见状，立马上前贴住那人耳朵，又说："喂！解放军进场啰，各处在搜，现在跑还跑得赢。”

那人一听着实慌了，脸色顿时大变，顾不上打量对方，揪住邱少云的衣袖说句“跟我来！”就要领邱少云往一家院墙上纵。邱少云一见，暗叫不好！伸手一把扯住他：“那边过不去，一排解放军从那边围过来了。这边来！”

邱少云领着他轻手轻脚地向前跑，七拐八拐，到了横街东头一家铺子前停住脚，努努嘴：“里面都是棚子里的人。”那人没动腿，看了看店铺，心里犯疑。

“老板！迎客！”邱少云哪容土匪多想，连推带揪把他拥进店门，随手“哐啷”一声关上了大门，那家伙这才晓得中了计，想跑已来不及，顿时像挨了一砍刀，腰板再也挺不直了。

经审讯，那人果然是土匪，在刘云熙手下任小头目。班长向他讲明了形势和政策，土匪小头目见大势已去，再跟刘云熙作恶实在得不到好处，便交代了刘云熙的情况，表示要下山为民，不闯黑路了。

随后，土匪小头目也乖乖地把混在人群中的

土匪指认了出来。

回龙场一趟，收获不小。场散尽后，战士们欢天喜地返回驻地。

一路上，大伙说说笑笑十分开心，唯独邱少云不语。别人哪里知道，这位闷声不语的"怪人"，心中正盘算另一件事：在即将开始的捉拿匪首刘云熙的战斗中，自己怎么出力，怎么立功。

可是，一连几天，上级没有一点消息，活捉刘匪这事就一直在邱少云的脑壳里转。从"三月三"土匪起事时起，他就没心思参加其他活动了。上文化课，他把笔记本捏在手，两眼却直勾勾往连部瞅，看是不是通信员送命令来；连队集合教歌，他总是选离门口近的地方坐，隔一会儿一探头……

一天，战士们正擦拭武器，连长突然集合大家宣布刚接到的上级命令，顿时，全连个个都愣在院坝。

"什么？返回内江？"

"返回内江！"连长重复了一遍。

战士们立即开始行动了，整理行装，挎枪，系子弹袋……命令来得意外，他们甚至来不及思索，只剩下邱少云还闷闷地没动窝。

"少云同志，怎么还不动作？连队已经开始整队了，还站着干什么？"连长问。

"当真返回内江？"邱少云问。

"不是真的，还开玩笑？"连长有些急躁，声音也变粗了。

"你们头里走，我要捉刘匪……"邱少云说。

"胡闹！"连长厉声打断他。

部队沿着宽阔的沱江向南返，一阵急行军后，部队在一片树林下休息。今天的气氛不如往日活跃。连长提议大家讲讲故事，却没人响应。于是，他又提起嗓门一连起了几个歌，大伙都唱得不带劲，他清了清嗓门，重新起了一首《三大纪律八项注意》歌。

这歌一起头，同志们都跟着大声地唱起来了。

邱少云没唱歌，也不说话，闷头闷脑地坐在一旁。

忽然，有人轻轻地拍了一下他的肩膀。回头看，是连长。

"怎么？还憋气呢？"连长问。

邱少云低着头："莫非……莫非我们没有打刘匪的能耐？"

"你以为我愿意放着刘匪不打？这匪徒杀了我们多少同志！不久前我们一个同志加强地方工作时被土匪捉住，面对 16 把大刀，宁死不屈，最后被匪徒卸成 40 块，投进沱江里……你想过没有？自古以来穷人就没断过斗争，拼哪、杀哪，出了不少好汉，可为啥一代又一代，反动派还站在我们的脑壳上？"

他看着邱少云，正碰上邱少云投来询问的目光。他看得出，这个问题问到了要害。原来这些天，邱少云在战斗间隙也常常独自思索这个问题，但百思不得其解，他正为此而苦恼呢。他至今弄不懂：邱家沟唯一不供菩萨的小屋，为啥子会关门？邱家沟最勤劳、最自信的人家，为啥子过不上好日子？每想起这些，他就双唇紧闭，陷入不堪回首的过去——

1926 年 7 月 12 日，玉屏村邱家沟唯一不供菩萨的小草屋里，添了第二个男娃。爹从田里回家，看了一眼刚出生的小生命，发现他虽因缺营养而瘦小，却不哭，不闹，倔强地踢着小腿。爹的脸上露出笑容："这娃儿像我！一副强脾气！"又看了一眼正愁眉苦脸的妻子说："莫愁啰！添丁就是添劲，添志气！咱邱家的门不愁没人撑啰！"他给自己的第二个儿子起大名：少云；小名：幺二。少云一天天长大起来，他真的像爹希望的那样生着一对粗眉毛，一张宽而厚的嘴巴，两只眼睛也像爹一样闪着自信的光亮。少云话语不多，安静得像天空悄悄飘过的一朵云彩，但他记住了爹常说的一句话："吃饭凭力气，汗珠子就是米！"

少云从会跑会跳起，就形影不离地跟随着爹，爹下地干活了，他就跟着玩土坷、捉蚂蚱、拾稻穗，爹编箩筐时，他就跟着拿竹条，模仿着爹的动作制作小玩具。冬天的邱家沟，天气冷得出奇。北风打着呼哨飕飕地刮，吹得地皮发干、发硬。一天后晌，少云随爹在坡上担水浇完地返回小草屋时，却听母亲叹气说："田土干了，篾货跌价了还卖不出去，娃儿们饿得皮包骨头，眼看大春过不去啰，不如去借……"爹一听"借"字就躁了："再看小春嘛！"他丢下刚刚端起的稀饭碗，扛起锄头就转身去田里干活了。少云学着爹的样子，也把自己刚吃一半的粥碗放下，跟在爹的身后出了家门……可谁能料到，灾祸仍不放过这个不供菩萨的小草屋。

1937年，邱家沟发生了一场历史上少有的大旱灾。整整一冬一春，老天爷没给邱家沟下过一滴雨、一片雪。堰塘干了，河沟干了，井也干了。往年，沟里一汪一汪的水田，此刻全被毒日头晒成了一块块硬板地。头年秋季点进田里的小麦、胡豆，到了开春竟连一个穗儿、一个荚儿也没结出。人总要吃饭呀！可是吃啥子？爹急得直搓大手，嘴巴里也开始有叹气声了。后来，他打听到有一家纸船老板正雇船工，一咬牙决定离家当纤夫。事先，他跟船老板讲好：纸船从安居镇逆水拉到上游遂宁镇，工钱1个月4块钢洋，年关一到一次付清。

上路的那天，天阴得可怕。少云和哥哥、弟弟无言地跟在爹的身后送行。他们都晓得，冬天拉纤是啥样的活儿——涪江上游水急滩多，40吨的大木船逆江而上，全靠纤夫的两只肩膀。遇到船搁浅时，纤夫还要跳进冰水里拖船。数不尽的苦头在等待着爹！可是爹对娃儿们宽慰道："哭啥子？又不是送死！年关一到，我就回来了。"他依旧是自信地一笑。可谁知，年关到了，自信的爹却不见踪影。

一天，有一个外乡娃儿跑到邱家沟来报信："邱炳荣站在船头小解时，不当心掉进涪江中淹死了。"听这话，母亲一头栽倒在地。少云更是无论如何也不相信水性好的爹会被淹死。在一个寒冷的早晨，少云跟随乡亲去涪江边打捞爹的尸体。他在涪江边才弄清爹死的真相：原来，装着几十吨货物的木船被纤夫用双肩拖到遂宁镇后，船老板赚了大钱却不遵守承诺，把钱又全投入另一桩买卖中去了。纤夫们都眼睁睁地等着拿钱回家买米救亲人的命呢，谁吞得下这口气？邱炳荣带头跟船老板论理，谁知船老板表面满口答应发工钱，夜间却乘邱炳荣独自坐在船头想心事，让人从他背后反绑了双手，并在脊背上坠一块大石头投入了涪江……15天后，爹的尸体在安居镇附近的河滩上被打捞上来，少云扑在爹的身上哭得死去活来。他不相信自信的、不供菩萨的爹，会这么死去。

爹不明不白地死去，妈对这个世界彻底绝望了，不久也病逝了。乡亲们帮助少云小兄弟埋葬了爹妈。高高的玉屏山上隆起两座新坟包，就像玉屏山哭肿的一双眼睛，痛苦地凝视山下低矮的小草屋……那年少云才11岁。

"人再多，不往一起捏，没有统一意志，也总是要吃亏！"

是朱连长的话把他从痛苦的回忆中又拉回到了眼前。

连长接着说："你有你的仇人，他有他的仇人，想合就合，想散就散，到头来还是叫反动派一个一个扎住脖子。过去在家乡时，我和指导员朱纲都是年轻气盛的青年，从没向谁低过头。我家日子苦，娘咬牙卖掉我3个亲姐妹，叫我活下去给全家人报仇，可我拼杀了多少场，啥结果也没有……穷人，只有拧成一股劲，才有力量。今天咱们夺了天下，为啥？是比先前多长了几条胳膊腿？人还是原来的人，可组织到一起，有了统一的纪律，就能打到哪儿，哪个反动派碰到咱们，哪个就掉脑

壳……一支军队，没有纪律是最可怕的。大伙在一起，你想干这个，他想干那个，就如同一盘散沙。"

少云心里猛地一动，他怎么也没想到纪律和流血、死人，与失败、胜利有这么密切的关系。他把身子往连长那边靠了靠，仔细听起来。连长加重了语气继续说道："上级下达的每一道命令，制定的每一项纪律，都是从全局利益考虑的。每个战士，每个指挥员、战斗员，都必须自觉遵守，自觉服从，坚决执行。"

他满脑子都回响着连长的话："每个战士，每个指挥员、战斗员，都必须自觉遵守，自觉服从……"

邱少云饱吸了一口凉气，感觉浑身爽快。他两眼直愣愣地盯着连长。

"看啥？"连长问。

"没……"邱少云急忙躲开目光，抿一抿嘴，"连长，你从啥子地方晓得这些道理？"

"学的！"连长说。

"从啥子地方学的？"少云问。

"从打仗的过程中，从党的文件里，还有咱们唱的歌了里……"

"歌子里?"邱少云诧异地站起来。他怎么也想不到,在连队教唱的歌子里也能学到道理。平时,他最不喜欢唱歌,逢到连队教歌他都要找借口溜出去帮厨或打扫卫生。

连长看见他发愣,就拍拍他的肩膀:"前两天,连队教的《三大纪律八项注意》歌,你就没有好好学!那个歌子,不简单哩!歌子里,把党为军队制定的纪律都唱到了,只要照着做,就能打胜仗……你呀,学文化,学唱歌,总是不用心,心里只想着打仗、干活。光能捉土匪、杀敌人就是好战士?不行!回头,我给你找董存瑞、张思德的故事你看一看,看了才知道什么是真正的战士。"

连长说完后起身走了。可是他的话一直在邱少云的耳边回响。直到此刻,邱少云才明白自己离一名"真正的战士"还差得好远,还需要加倍努力!

九连到达内江后,才知道上级为他们安排了另一项紧急任务——国民党起义的七十二师在富顺一带叛变了,正向罗贯山方向逃窜。九连必须与友邻部队一起昼夜追击,一定将叛匪歼灭于罗贯山区。

勇擒匪枭

这次任务下达得很突然，也很紧急。原来，横行在富顺一带的叛匪近期活动十分猖獗，公然杀害解放军派去的党代表，烧毁了大量军用物资，鼓动其他土匪和国民党逃兵纠集在其卵翼下，誓与新生的人民政权顽抗到底。反革命气焰十分嚣张，上级命令尽快将其消灭。

九连作了严密的战斗部署。首先派遣侦察队进行侦察，为大部队的清剿行动作指引。

邱少云参加了由30人组成的侦察队。他们在党代表遇害的现场发现了一本日记，里面记载了这股叛匪的主要盘踞地点和活动情况。

线索有了，但要消灭这股叛匪也并非易事，他们已逃往罗贯山区做困兽之斗。

罗贯山区地形复杂，山险，林密，雾大，洞多。能藏匿800人以上的山洞就有好几个。要想掌握主动，必须擒贼先擒王。而匪首是一个诡计多端的家伙，其手下尽是血债累累的亡命之徒。他们平时行踪诡秘，加上对当地情况熟悉，有时混在群众中，一时民匪难分。但在大军压境之下，他们已成了惊弓之鸟，更因新成员增多，为争权夺利，起了内讧，因此最后消灭他们的时机到了。

侦察队沿着崎岖的山路，在茫茫的夜色里急速行军。

邱少云熟悉这一带的山况，走在侦察队的最前面。他们对所有山洞挨个进行侦察，当摸索到一个较大的山洞附近时，发现洞里有土匪活动的迹象。队长带着邱少云和几名战士悄悄进入洞中，毫不费力地逮住了几个匪徒和受重伤的土匪副司令。据交代，叛匪内部出现了分裂，昨晚匪首对他的人马搞了个突然袭击后就溜走了，去向不明。

在这深山老林众多的洞穴中，匪首会躲在哪个洞穴呢？大家正犹豫之时，邱少云说："附近有个云霞洞，它非常隐蔽，周围长满了青草、树木，一般不易发现，匪首很有可能就藏在那里。"侦察队长决定包围云霞洞。队员们迅速来到这个不起眼的洞口，随着队长一声令下，邱少云和队员们如同神兵天降冲入洞内，将正在抽大烟的匪首刘云熙活捉。

被捆绑得结结实实的匪首回过神来一看，侦察队只有区区几十个人，便阴冷地笑着说："我的800个弟兄就在周围，不用多久你们就要被包围了，还不如索性跟我干。如果跟了我，大小也给个官衔，多少也赏些银元。要是……"没等他说完，几名战士就把他推向一边看守起来。

部队接到侦察队的情况报告后，迅速组织向土匪的窝藏之地发起了进攻。战斗一打响，叛匪窝里顿时乱作一团，有的被这突如其来的解放军打得晕头转向，有的纷纷扔下抢劫的财物慌慌张张往洞外跑。此时，等待他们的是雨点般的子弹、手榴弹和"缴枪不杀"的呐喊声。不一会儿，除那些顽固不化的分子被打死打伤外，其余的都乖乖地当了俘虏。

打扫战场时，被绑起的匪首却不见了踪影，经过审问俘虏，才知道匪首是被混入我军内部的敌人给放跑了。为了挖出这条"毒蛇"，邱少云细心地发现有个人称"麻脸"的班长近日出现神态惶恐的情况，于是他立即向侦察队长作了汇报。队长指示让他负责监视"麻脸"。

果不出所料，在一天雨夜，正好轮到"麻脸"值巡逻岗，他转悠一阵后，趁机携枪逃了出去。早有准备的侦察队紧跟邱少云留下的标记，悄然出动。

"麻脸"翻过山崖，直奔山脚下的一个村子，他在那里躲藏了一会儿，发现没人跟踪，于是趁着黑夜向村外逃去，偷偷溜进不远的一户大院。跟随其后的侦察队员们，旋即包围了上去。就在这时，邱少云听到身后竹林里有异常动静，他循声找过去一看，发现正是匪首刘云熙在躲藏，当即大吼一声："站住！"匪首一闪身，瞬间没了踪影。

这里山险洞多，机智的侦察队长向战士们示意兵分两路，一路继续包围这座大院，一路隐蔽搜索。

邱少云随搜索的侦察队员来到一个山洞口，他向洞里大喊了一声，接着便转身飞快扑向另一个洞口，这时，匪首刘云熙正好从洞口冒出了半个脑袋。说时迟，那时快，就在匪首要直起腰身的当儿，邱少云一个箭步冲向前，把他拦腰抱住，再一个侧身把匪首摔倒在地，迅疾一个锁喉，把他的脖子牢牢地卡在臂弯里……

静静的沱江倒映着两岸秀丽的山坪，沿江一带的桐子花开了，散发着淡淡的清香。江边宽阔的河坝上搭起简易会场，主席台上一条横幅鲜亮耀眼："河东区人民公审匪首刘云熙大会"。一大早，河坝上就挤满了人，有的持着砍刀，有的拿着粪夹，有的身背土枪，静静地等待着那一时刻的到来。

8 点钟，审判大会宣布开始，刘云熙被押了上来。不知谁喊了一声，愤怒的人群"轰"的一下，潮水般地拼命往台前拥去，战士们拦也拦不住。

会场上一时大乱，几千人拥到主席台下用拳头、烟杆、鞋底往匪首身上打。九连战士用尽了力气，才把群众拉开。

代理指导员王明思两眼通红地站到台前，大声说："乡亲们，谁个有仇，谁个有苦，一个一个到台上说。今天是红粮乡人民申冤的口子。"

此刻，从来没直过腰的黄泥巴腿杆，一个个站到仇人面前。血和泪的控诉，把人们拉回苦难的过去……台上台下一片抽泣声。

人们正悲伤时，一位老爹走上台："哎呀呀！莫哭了。土匪被咱们捆住了，红粮乡人民政府的牌子挂起来了，新区长、新乡长也给咱们派来了。我们应该高兴呀！"

这话提醒了大家，对呀！胜利了，哭啥子？人们抬起头，一把抹去了泪水。

"枪毙刘云熙，除掉这条害人虫！"

"枪毙！""枪毙！"

根据群众的要求，河东区人民政府当即宣布：判处匪首刘云熙死刑，就地正法！

河坝上腾起震耳欲聋的欢呼声。

02 保卫幸福生活

没文化咋建设新国家

刘云熙被镇压后，土匪在内江地区的撑台杆子被抽掉了，那些没被清除的小股土匪，也不敢明目张胆地活动。上级根据九连在剿匪战斗中的表现，给九连记集体大功一次，并授予"保卫祖国，保卫胜利"锦旗一面，邱少云被记了1次功。

剿匪结束后，上级指示他们就地转入清匪反霸、减租退押的工作，为土地改革运动做准备。

这些日子，连长朱斌更忙了。白天，他卷起裤腿和农会干部一起为穷人丈量土地；晚上，走家串户发动群众，向贫农、妇女会干部、积极分了了解情况，研究工作。在乡里召开的群众大会上，他反复向群众宣讲形势，摆老解放区的新生活，忙得一天三顿饭也赶不上吃，嘴里却一个劲儿地提醒九连的战士："注意身体，别累垮了。"

"咱连长，总是那么乐，啥子时候也不晓得累。他跟咱们一样，并没多长一条胳膊、两条腿！"邱少云望着连长的背影，心疼地对战友们说。

部队一边开展清匪反霸、减租退押的工作，一边组织战士学习文化。课余时间，九连驻地的河边、树下，到处都是刻苦学习的战士。有的人独自一人拿根树枝，在地上写写画画；有的三人一堆、五人一伙聚在一起讨论问题……只有邱少云一人心不在焉，他感到一身力气没处使，总盼望部队能多安排一些练兵、助民劳动。

连队对战士的学习计划也提出了具体要求：争取一天学会两个字，一周干掉一个"班"。邱少云完成这项任务并不吃力，周末连队检查学习情况时，他也能按时完成任务，每周学的生字个个念得出，写得来。然而在周末总结会上，邱少云没受到表扬。原因是，全连每个战士几乎都完成了任务，有的人还大大超额，一周就认下二三十个字，有些战士已能开始写简单的家信了。

总结会上，邱少云一点也不着急，反而稳坐在小板凳上。一散会，他就跟李士虎跑到老乡家里帮忙干些家务活。连长看出他的情绪，替他着急，祖国的大规模经济建设即将开始，国家需要有文化的建设人才。可是这位年轻战士未意识到这一点，不能把眼光放得更远，把今天的工作与美好的明天联系起来。

第二天，连队安排助民劳动。邱少云一听，没等馒头全塞进嘴里就抓起农具向田间跑去。靠近田垄，鞋一脱，裤腿一卷就跳下水田，从一位老乡手中接过牛鞭就吆喝起来。只听"嘘、嘘"一阵喊，他腿下的泥水就"咕咕"翻起泥花。那架势，让乡亲们看了夸奖不绝。

"是咱乡坝里的娃儿！做活儿舍得用力气。"

"看架势，真是一把种田的好手。"

邱少云听了，不停脚，又"嘘、嘘"吆喝两声，催大水牛使劲往前奔。

连长见他干活的劲头，走过去对他说："前天，我的老家淮北来信，说像我家那样从前穷得没处立脚的农户，也要分两间屋、二亩地了……"

"好哩！"邱少云停下手中的忙活，把脸上的汗珠子一甩，"看来，穷人真个要有田种了。山上、坡上都是田，冬天种冬麦，夏天泡稻子……哎呀！田多了，怕是叫人忙不过来呀！"

"忙不过来了，就把大伙的田再合到一起种。像老解放区那样成立互助组，将来还有拖拉机帮忙。"

"拖拉机是谁？"邱少云问。

"是机器，一种能犁地的机器，力气比水牛大几倍。走一趟，就能翻出五六个犁沟。"连长说。

"这么快？"邱少云吃惊了，"这么大的劲，天黑它歇在哪儿？伤不伤人？"

"拖拉机听人指挥，样子长得也乖，我看过图片，两只大眼睛，浑身红彤彤，吆它犁田，一冒烟就跑，不再让人跟在屁股后头踩牛屎。"连长说。

邱少云抿着嘴，静听着，眯眼望了一下对面的山梁，陷入了幻想。"连长，要是它不走了，咋个办？"他突然问。

朱斌说："跳下去检查一下，再修理修理，每一部拖拉机都配有说明书，啥地方出了毛病，书里都写着嘞。"

"不认字，咋个看？"邱少云问。

朱斌认真起来："没文化别说建设国家，就连自己分到的田地也种不好。如今解放了，国家是自己的，工厂、铁路、汽车、轮船，样样要由穷人自己管。如果是个睁眼瞎，咋管理？将来干哪一行都要有知识、有本领，即使回家种地也要认识字，不然拖拉机来了，谁开？"

邱少云不作声了。他万没想到，自己要建设新国家，却不具备本领。他的心被刺痛了，他吆起水牛继续往前走，然而一个新的"学习计划"已在心中拟成。

接下来的几天，战友们发现，休息时很少再见到邱少云的面了。午休时，他的铺板常是空的；晚饭后的闲暇时间，也看不见他泡进沱江里。一天晚饭后，连长见在沱江里游泳的战士中又没有邱少云，就爬上岸，向文化室走去，屋里却空无一人。

他又朝伙房后边的大桉树旁走去，见桉树下果然坐着一个人，正低头照一本书写写画画。他走近，见是邱少云，他的衬衫已被汗水浸透。

"少云同志，躲在这里干啥呢？"连长走过去，轻声问。

邱少云一惊，忙放下手中的书本站起来。这些日子，连长多次提醒他：天热了，要注意勤洗澡，防止脊背的旧伤复发、溃烂，可他很少下河洗澡。

连长说："你呀，啥时学会了藏猫猫？学文化，也要劳逸结合。走，跟我去游泳！你身上都有一股汗酸味儿了。"

"连长，我人笨，比不得大家。前些日子，我没抓紧学习，落后了，再不抓紧认字，建设新国家就没有我出力的份儿了。"邱少云说。

连长不再说话，把书本还给他后离开了大桉树。

书本为邱少云打开了另一扇认识世界的窗户。他在自己的生活经验之外，看到了更广阔的天地。他从书本里知道了张思德、董存瑞、赵一曼……知道了地球、太阳、月亮是运动着的。拖拉机、收割机、机械化……这些神奇的名词，吸引着他，新中国的建设吸引着他。

庆丰收的日子里

1950年夏季，沱江两岸获得了大丰收。夏至节气一过，起伏的丘陵就像是编织的彩色锦缎一直延向天边。

这是四川解放后的第一个大丰收年！

从稻谷开始变黄的那时起，同志们就发现邱少云睡不稳觉了，躲在被单里哭了好几次。一有空，他就往田里跑，一个人对着稻谷发愣。

有一天，太阳早已下山了，他还一个人坐在田坎上。班长不放心，轻轻走到他身旁，见他眼睛里含着泪，便说了句："天晚了。"

"要是我爹……能活到今天……"邱少云断断续续地说着，茫然地扯过一把谷穗，在手心捻得粉碎，又叹了一口气。"那些年，我们甩尽了汗珠子，巴望能吃上一顿饱饭，爹和我两代人，一天都没有偷懒呀！"

三班长冲他点了点头。他还头一次听见这位沉默寡言的战士吐露身世。

"爹妈死后，我 12 岁开始给人帮工。我还想再拼一拼，用我的双手养活两个弟弟。

"起初，我给一家姓丁的乡绅放牛，把全身的力气都使出来了。清晨放牛，我是一路走，一路打柴割草；晚上把牛赶回院坝，又放下脊背上的一大捆柴草，然后手脚不停地喂猪，扫院，劈柴，推磨……丁乡绅见我能干，后来又把刷锅、洗碗、抱娃、倒尿桶、洗衣服的活儿加给我。年关到了，我拿一只布口袋去丁乡绅面前领米，谁知他算盘珠子一拨说我干的活儿顶不住供我吃的几顿冷饭。于是，我一甩手离开了丁家。

"为了能找一口饭吃，后来我不得不带着弟弟步父亲后尘当了一名船工，在那风吹雨打四处漂泊的货船上，才真正理解了父亲当年受过的苦楚。当船工苦和累不说，还经常遇到土匪抢劫和日军的轰炸，真是连性命都难保。一天，我所在的一条货船刚刚开出码头，几架日本鬼子的轰炸机突然飞临上空，对着船只等地面目标又是机关炮扫射，又是投掷炸弹，一时间，码头边、江面上到处是炸毁的船只和血肉模糊的尸体，我们的那只货船也没逃过这一劫难，船被炸烂了，船工也炸死了大半，我们兄弟俩幸亏躲进了货堆里才捡回了两条命……

"不久，又在安居镇的'傅家面馆'当上了伙计，条件是'三年学徒期满，可以领些零花钱'。我拼命干活儿，店里的杂活几乎都让我一个人包了。面馆生意红火，用水量很大，每天要用掉40多担水！从安居镇下边的涪江边挑水到街上，中间要上100多级石台阶。平时，别的小伙计两人抬一桶水上台阶都吃力，我却一人挑两桶水还是一路小跑。街上有人议论说：'这样干一阵子，他就会偷懒了。'我听见后也不争辩，咬紧牙关继续干活儿。一月、两月……一年、两年……我照常像牛一样出力，镇上的人个个羡慕'傅家面馆'雇了一个好伙计。可是，我终因过度劳累、睡眠不足，身子肿起来，时常感觉头晕，一担水挑到台阶上就喘不上气。老板娘再不给我好脸色看，常用'偷懒''装病'数落我。我不吭气，挣扎着做活。可是脸色发青，身子更软，原来患了'水积病'。一天，老板娘叫我放下水桶，说：'你这个学徒，硬是学不出了！不如回家养身体。'就这样，我离开了'傅家面馆'。

"从那以后，我又换过几个东家，我给木匠、泥瓦匠做过小工；给商人挑过百斤重的盐巴、纸疙瘩；在公路上，我给人砸过石子；在热闹的小镇上，我给人剃过头，刮过脸，剪过脚指甲……多难咽的苦，我都咽过；多难走的路，我都走过。

"可是 8 年的帮工生活，我没让两个弟弟过上一天的好日子。是我偷懒吗？是我不肯出力吗？我从没有吝惜过一滴汗珠子！可是力气出尽了，汗珠子淌干了，米呢？米在哪里？好日子在哪里……"

他茫然地朝空中抓了一把，冲着无边的大地吼叫。仿佛要把久蓄在心中的悲愤，一口气喷出来。三班长的心被震撼了。那样的日子，他也品尝过。他能理解少云内心的苦楚。

"那种日子总算过去了！"班长十分同情地说。

"那种日子，不能让它再回来！"邱少云怒吼着。

第二天一早，两眼肿肿的邱少云就下田帮助老乡收割稻子了。"干哪！"邱少云高卷裤腿，拼命地挥动镰刀。

"干哪！"战士们、乡亲们吆喝着，紧跟其后追赶。

邱少云割稻特别出色。本来，从乡坝里长大的人样样农活都做得来，此时又心情舒畅，就觉得镰刀拿在手里特别顺手，只听"刷刷刷"一阵响，金黄的稻谷就倒下一大片。刚才三班长和他还是一前一后相跟着，谁知一刻钟就被甩在后头了。

"哎呀，邱少云是在飞呢！"三班长喘着气说。

少云听见身后有人喊，没回头，估摸班长要赶上来了，不作声地从班长的行垄上又揽过来一垄。

村里的好朋友郑二娃走过来，给邱少云端来一碗水，问："打垮了土匪，你干啥子？"

"打台湾。"他把上政治课时指导员讲的话，重复了一遍。

"台湾解放了呢？没得仗打了，你干啥子？"

"分田分地，过幸福日子。"

"你就不想回家看看？"

"……"邱少云顿住了，两眼朝南方望了望。他多想念邱家沟呀！那块飘动的白云下边就是他的家。他的心，几次都飞回了邱家沟。可他想起自己入伍不久，就没敢向人透露心思。他猛地掐断了思绪，把目光收回，对郑二娃说："割稻吧。"他一猫腰，又干起来。

吃过中午饭，邱少云和李士虎撂下碗筷就开始收拾农具家什，想趁人少时磨磨镰刀片，为下午的大干做准备。俩人一出门，正碰到连长迎面走来。连长是上午干了半截活被通信员叫到团部开会的，只见他浑身上下透着一股喜悦。

"土地法颁布了，穷人真正翻身了！"连长高兴地说道。

听到这消息，邱少云和李士虎欢呼起来。世世代代，农民想地、盼地，淌尽了汗珠子巴望能有这一天！

"翻身了！真正翻身了！"邱少云不断地重复着连长的话。

"少云同志，离家一年半了吧？想家不？"连长望着邱少云问。

"不！"邱少云摇摇头。

连长笑了："不想家？不是真话。少云，你是被伪保长用一根绳子捆出来当壮丁的，参加解放军后剿匪、干工作，连封信也没给家里捎去，家里人一定挂念呢！这里离你的老家铜梁县不远，昨晚我和指导员研究了，准备让你和几个川东南的同志回去看看……"

"连长……"邱少云望着连长半天没接上话来，喉咙眼被热气堵住：连长啊，你对我邱少云恩深似海！你总是把我这个苦娃子挂在心上……

"怎么？有困难？路费不够？"连长见他半天没出声，问道，"钱不够，我有，先拿去用！"

"不！连长，"邱少云说，"眼前工作这么紧，得帮助老乡收稻子，这是解放后第一次大丰收……"

连长晓得他的心思："你想得对！那就等忙过

了这一段吧。等稻子一割完，你们就回家。"

邱少云点点头。

邱少云想到就要和家人见面了，心情格外兴奋。家——那个被旧社会碾得破碎的家，多年后又将重建起来；分离失散多年的骨肉，不久就要团聚。想起这些，他脸颊红润了，见人也格外热情。

一天晚饭后，邱少云来到连部正准备请假。刚走进院子，就看见连部里马灯亮着，纸窗上映出连长、代理指导员不安的影子：俩人又着腰杆不停地在屋里走动。"国家刚太平，经济正恢复，帝国主义分子偏要隔着大江大海来侵略。"他听见连长愤怒的话语。

"这次战争不同往常，面前是世界上头号帝国主义……最担心的是这批'解放'过来的战士。"这是指导员的声音。

邱少云心头一紧，凭直觉他感到，部队又有新的任务，要打仗了。于是他立刻打消了探亲的念头，悄悄溜出了连部。

第二天，连长见到邱少云便问："回家的东西收拾好了？啥时动身？"

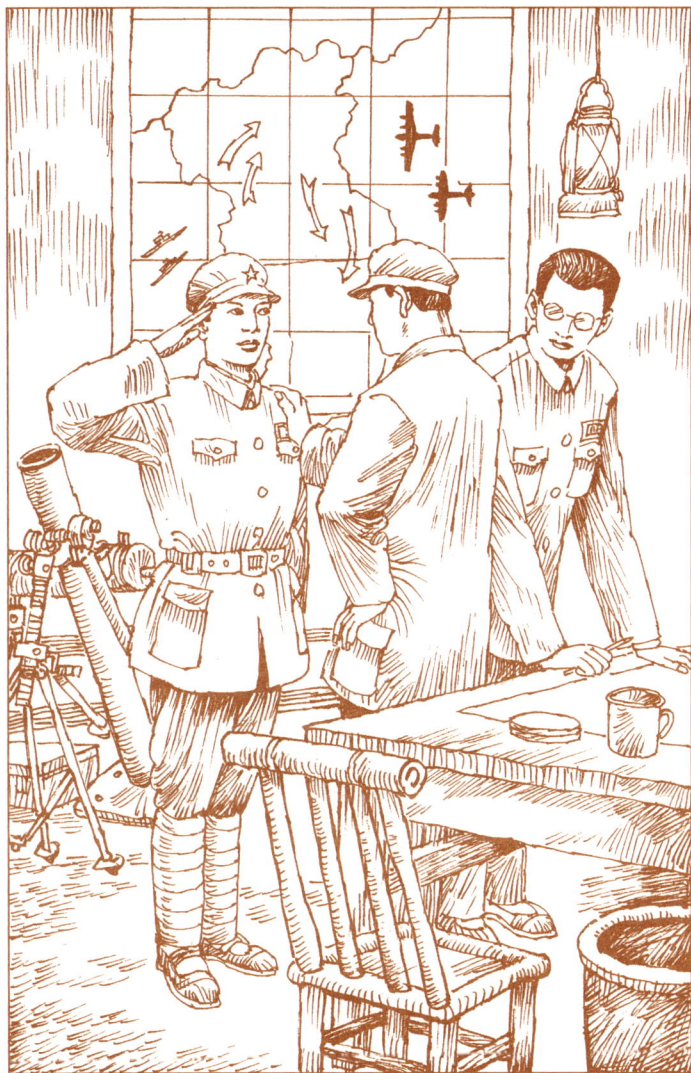

邱少云跨前一步，满脸怒气："啥子时候了，还提回家？"他用眼睛盯着连长。

"还是回去看看吧！你家在铜梁县关溅乡吧？我查过地图，离这儿只有二百里地，抓紧点……"连长说。

"不回去了！"话是硬邦邦的，人站那儿也像钉在地上的木橛子。

连长靠近他："回去看看，也好叫乡亲们放心！出来时，你是叫保长捆着手……"

邱少云又一次截住连长的话："出来时是被捆着手抓的壮丁，回去了头顶'八一'帽花，乡亲们见我问：少云，你是戴'八一'帽花的人，你说说减了租、退了押、翻了身，这好日子保住保不住？我说啥子呢？"他停了停，急切地问道："连长，是不是部队又要打仗了？"

连长将手按在他肩头，点点头说："你说得对，国内战争虽然基本结束，但朝鲜战争又爆发，美帝国主义实行武装干涉，发动了对朝鲜的全面战争，他们不顾中国政府的多次警告，越过三八线，直逼中国边境，出动飞机轰炸我东北边境城市和乡村，严重威胁着我们的国家安全，党中央毛主席已作出'抗美援朝，保家卫国'的号召，决定组建中国人民志愿军。兄弟部队早已跨过鸭绿江，已连续打了好几个大胜仗呢！我们也要做好出国打仗的准备啊！"

一席话，让邱少云听得兴奋不已，他似乎也走进了那火热的战场……

连日来，驻守在祖国四川内江地区的第八十七团三营九连的战士们不断从报纸、广播中听到振奋人心的好消息，他们每天训练完毕，带着一身热汗挤到一起纷纷议论、相互传递消息，有的经常在地图前，用粗黑的手指寻找陌生的地名：平壤、仁川、新义州……计算着这些地方离祖国的距离。部队也经常及时组织这方面的教育，传达前线的战况。

一天下午，师长来到九连，他一身风尘，神情严肃。

"九连情绪怎样？"师长一进连部，就用特有的嗓门高声问，"有没有变毛变色的？"他刚才从其他几个连队转过来，战士们情绪高昂，但也有个别人有一些恐美思想和离队情绪。

"你看！"九连长用手指了指等候在门口的战士们。

师长一看，心里发热：那里站着几十个焦急等待的战士，脸上没有一丝惊惶、恐惧，一双双坚毅的目光透着不可战胜的勇气。

朱斌说："一听说要组成志愿军去打美国鬼子，战士们都报了名、写了决心书，有的战士连探亲也放弃了。平时，连队总有几个病号，这阵子，一个也没有了。"

"好！"师长望着威武的战士，"我们的战士是真金子，永远是忠于人民的。有这样的战士，什么样的敌人能阻挡住我们的脚步？"

饱经沧桑、果断坚强的师首长说话时，眼里含着让人不易察觉的泪花。

再见吧，祖国

1951 年 3 月，邱少云所在的九连随师团调入第十五军序列，改编为中国人民志愿军第十五军，部队简单地动员过后，立即经重庆、武汉，向华北某地开进。

两天后，行军队伍进入邱少云的家乡——铜梁县境内。

一踏上家乡的土地，邱少云的心情就特别激动。这是多么熟悉的土地！他在这里出生、成长，为生活而奔波，受过苦、洒过汗、淌过泪。就在这条路上，他拖着病弱的身子给人砸过石子；就在涪江河边，留下了爹拉纤绳的脚印；那不远的山冈上，埋着爹妈双亲的尸骨……这里的一山一水、一景一物都是他苦难童年的见证！"苦日子总算过去啰！"他猛然抬头，感到眼前景物变得陌生了：天空那么蓝，云朵那么白，山冲那么绿，河水那么清……变了！一切都变了！他踮起脚尖，向远远的山梁背后望去——那里是邱家沟！山山沟沟虽挡住了他的视线，可是他依然感到自己看到了玉屏山、安溪河和自己家那不供菩萨的小屋……

战友们发现邱少云的眼中一直噙着泪水。走在家乡的土地上，他的脚步是那样的坚实有力，他紧跟在队伍里。尽管，他有时还是踮起脚尖，朝邱家沟的方向望一望，有时也用手背轻轻地抹去流出的眼泪，但他又很快收回留恋的目光，大踏步地离开日夜思念的家乡，走向新的战场……

部队在华北某地进行了入朝前短暂的整训和准备。离开训练地前，邱少云给亲人们写了一封信，报告了自己的情况，表明了不灭顽敌誓不归的坚定决心。后来，他的这封信陈列在家乡的纪念馆里，成为他誓言的见证。

亲爱的哥哥和弟弟们：

你们近来好吗？我从老家到河北来已有两个多月了，很想念乡亲们，请你们代我向乡亲们问个好！

下面告诉你们一个事：前些日子，我报名参加了中国人民志愿军，明天就要到朝鲜去打美国佬了。听我们指导员说，美国佬在朝鲜杀人放火，干尽了坏事。他们占领了我国台湾省，还想占领全中国。美国佬要是占领了我们的国家，我们就要回到旧社会去，分的房子和土地又要被狗地主李炳云夺去。我恨死了美国佬。到朝鲜后，一定要拼命打仗，不怕死。为了让所有的受苦人都像我们一家过上好日子，我死了又算个啥子么！

我在朝鲜要多打美国佬，你们在家里要把分的地种好，多打些粮食，多交些公粮，支援抗美援朝战争。这样总对得起共产党，对得起毛主席！

我决心杀敌立功，戴着光荣花回来看你们。

抗美援朝，保家卫国！

邱少云

一九五一年三月十五日　在河北内丘

前方不远处，就是祖国与朝鲜相隔的鸭绿江，涌动的江水似乎在诉说着美帝国主义犯下的滔天罪行，隐隐的炮声提醒征战的战士：即将履行的是历史赋予的崇高而光荣的使命！

傍晚时分，准备入朝的部队在这里集结完毕，除了邱少云所在的志愿军第十五军外，还有从祖国四面八方汇集来的优秀儿女，他们中间有屡建战功的人民功臣，有刚分得土地的翻身农民，也有脱下工作服不久的青年徒工，还有刚刚放下书包的活泼学生……

江边，人员、物资、车辆来来回回、熙熙攘攘，但井然有序。

师长大步走过来。这位在土地革命战争、抗日战争、解放战争中为人民立过无数次大功的优秀指挥员，今天又将率领自己的部队奔赴"抗美援朝，保家卫国"的战场。

晚霞映照着奔腾的鸭绿江水，江水像一条绿色的缎带，飘动在祖国的东北边陲，飘动在战士们的脚下。

师长炯炯的目光环视着大家，脸上显得庄严而凝重，突然，他右手一挥，铿锵有力地喊道：

"同志们，在这无比庄严的时刻，全体同志要树立这样的决心：在伟大的抗美援朝战争中，我们的名字不书英雄榜，便涂烈士碑！"

"用鲜血和生命保家卫国！"

"祖国万岁！"

"和平万岁！"

听着这潮水般的怒吼声，邱少云的心狂跳不已，他目不转睛地盯着面前这位身经百战的指挥员——敬爱的师长，嘴里反复默念着那句话：我们的名字不书英雄榜，便涂烈士碑。

师长来到九连队列面前，看见通信员背着与别人不一样的大背包，就问："你背的是什么东西？那么大个包？"

连长抢先答道："报告首长，这是……"他不说，师长已经知道：那是九连的 13 面锦旗。尽管上级反复强调，除必要的装备外其他东西一律精减，但这个连队舍不得减掉那个"大包袱"——那是九连组建以来的整个荣誉！今天连长一定要把它带过江去。

师长不等连长回答便说道："好吧！带着这些光荣的旗帜去和美帝国主义战斗，让他们见识见识中国人民是什么样的人民，中国的军队是什么样的军队！"

1951 年 3 月 25 日晚，月明星稀，部队一列列雄赳赳、气昂昂地跨上了鸭绿江大桥。战士们不由自主地回过头来深情地望了一眼……

"再见了！祖国！"

03 在前线的日子里

拂晓前赶到平川里

一踏上硝烟弥漫的朝鲜土地，邱少云的心立刻缩得紧紧的。到处是弹坑，遍地是废墟。来到新义州，战士们不禁倒吸了一口凉气：月光下，一幢幢楼房只剩下焦黑的残垣断壁，一座座用青石板盖起的房子被炸成一堆碎石，工厂的烟囱被拦腰炸断，远处几点零星的灯火，那还是从防空洞里射出来的。

"同志们！这就是新义州——这就是朝鲜的大城市！"指导员王明思指着废墟大声喊。

一听这话，每个战士的心立刻像被什么戳了一下。

"真是一群野兽!"队列里不知谁愤愤地骂了一句。

仇恨,推动着战士们飞快的脚步。

按照团首长部署的行军计划,九连第一天应在拂晓前赶到一个叫平川里的村子宿营。从地图上看,他们离平川里还有100多里路。这就是说,必须以每小时十七八里的速度前进才能在拂晓前赶到。

部队穿过废墟,迅速上了公路,靠着一枚指北针判断方向。

夜色浓重,冷风阵阵扑来,战士们的帽檐上、眉毛上都结起霜花,不少战士的棉袄上也结出一层白霜。

"向后传,一个跟上一个,不要掉队!"连长向身边的通信员命令道。

"向后传,一个紧跟一个!"

邱少云传完口令,掉头一看,身后的李士虎气喘吁吁,很是吃力。

"累了吧?"邱少云上去抓着他的背包。

"不累。"李士虎紧了紧背包,向前跑了几步,

"少云，你看，路边看不见村子，山根好像有人影在晃动，是不是朝鲜老乡？"

邱少云顺着指的方向仔细一看，发现山根下果然搭了一些草棚，草棚边围了一些人，他们是被侵略者炸毁了房屋，无家可归的朝鲜群众。

邱少云心里一阵冰凉：这么冷的天，老人和儿童怎么熬过寒夜？他尝过挨冻挨饿的滋味，心里一酸，想极力忍住泪，但终于没忍住。

"扑通！"士虎身子一歪，一脚踏空。邱少云眼疾手快，一把将他身子拽住。原来，公路上布满了弹坑，东一个西一个，张着黑乎乎的大嘴。新弹坑里火药味还未散尽，瓦斯熏人。

"奶奶的，打击侵略者还得偷偷摸摸？！"李士虎边走边骂着，摸出手电筒正准备捏亮。

"莫胡来！"邱少云抢过他的手电筒，"上级的规定你忘了？白天宿营，夜间走路，行军不许抽烟，不许打手电。"他嘴这么说着，心里也嘀咕：摸黑行军，几时才能赶到平川里？

"谁在说话？跟上队伍！"

三班长从后面赶上来，一看这情形肚里就起

火，他知道不少新战士对上级的规定有意见，老兵也出现了急躁情绪。他小声说："克服一下吧！纪律不光约束着自己，实际上也在限制着敌人。"

邱少云明白，应对强大的敌人，上级考虑得非常周到，作出的每一项细小规定，比如，怎么走路，怎么睡觉，怎么系鞋带……都跟打胜仗有关系。

这时，兄弟部队陆续赶上来。高大的骡马驮着火炮，嘴里喷着乳白色气体。汽车也一辆跟一辆。顿时，公路上喧闹起来了，人喊马嘶，浩浩荡荡。

为了不使部队在拥挤的公路上走乱，各部队规定了自己的特殊记号：有的把白毛巾扎在左臂上，有的扎在右臂上。部队多了，记号也容易重复，九连战士干脆把白毛巾系在脖子上做记号。这样走还怕掉队，嘴里一个劲地喊口令。

"砰！"前面突然传来枪声，这是朝鲜人民军防空哨发出的信号。朱斌大喊一声："防空！"部队立即向公路两侧散开，车队的车灯也一齐熄灭了。

蓦地，头顶上挂起一串串亮灯，照得山川白昼一般。

"啥子玩意儿？"李士虎趴在地上指着亮光问，长这么大他从没见过这么亮的东西。

"卧倒！"班长按下他的头，警告他，"这是照明弹，专给敌机照亮的，哪儿有目标就炸哪儿。"

一句话没说完，只听"吱——"的一声怪叫，一架红头飞机从头顶俯冲下来，紧接着响起"嘎、嘎、嘎"的机枪声和"轰、轰"的爆炸声。巨大的爆炸气浪，裹着土屑和碎石向战士们的脸上、身上袭来。

"有点子钢铁就这么嚣张？等到了战场，再算账！"邱少云抹了把脸上的泥沙，愤愤地说。

敌机轰炸了一阵儿，飞走了。原来，敌机并没有发现行进在公路上的部队，只是为防止志愿军的行动才对路口、要道实行"固定封锁"。

敌机飞走后，战士们立刻跳起，拍打落在身上的泥土，整好队形继续前进。公路上又喧闹了起来。

现在离拂晓只有 3 个多小时了。从地图上看，这里离平川里还有 50 多里路。

"加快速度，跑步前进！"连长发出口令，不一会儿就带着部队下了公路，拐进一条山沟，直到东方天空亮出了鱼肚白部队才放慢了脚步。根据行军图标明的方位，平川里就在山沟的尽头。可是举目遥望，四周空旷，没一间房子，连鸡鸣狗叫的声音也没有。出国时，听首长介绍说：朝鲜的一个"里"，相当于中国的一个村，照这样看平川里至少也该像四川内江的回龙场一样大，为啥看不到一点影子呢？连长叫来通信员："打开地图，再查一查！"

通信员从牛皮挎包里取出 1/50000 比例尺的地图，铺在一块大石头上。连长捏亮手电筒照了照，发现行军路线并没有错。连长找来团部配备的朝鲜翻译大金同志，问是怎么回事。大金同志往路边的一片地方一指，说：

"这里就是平川里！"

"这里就是平川里？"那里明明是一片空地呀！什么东西也没有。邱少云和大个子兵疑惑地朝空地走过去，看了看，不由得两眼发涩。这个曾经叫"平川里"的村子，现在已不存在了。美帝国主义的炸弹，使它变成了平地，连半截残壁也没留下来。"不用再找了……这儿……就是平川里。我们从实地已经辨认不出了……"连长说不下去了，他命令战士们放下背包，就地宿营。

大家站在原地不动。所有人的心都在滴血：只有8个月啊，战争就使朝鲜面目全非了。家——战士们熟悉的，和自己的故乡一样温暖的家，破碎了；城市——战士们所喜爱的，和祖国的重庆、武汉一样美丽的城市，毁灭了。8个月前还曾标在地图上的许多城市和乡村，8个月后只剩下一点痕迹了。

"放下背包，宿营！"连长再一次催促，战士们才从痛苦的思索中清醒，一个个慢慢放下背包，散开来，各找各的地方去挖掩体。

三班长决定把全班的掩体挖在一棵紧挨山坡的残枝大松树下。那里不易被敌机发现。他向大家挥了挥手，全班人就提着铁锹、洋镐默默地挖起来。

忽然，不知从什么地方传来妇女呜呜的哭泣

声。班长连忙循声找去，发现山石缝中走出一个人来。她身上已看不出妇女的模样，头发被剪得短秃，身穿一件破烂的男人衣裤，脸上也涂了烧焦的炭灰。妇女看清了三班长胸前挂的志愿军标志后，哭号得更厉害了。她一面哭，一面用手撕揪自己的胸口。经过大金同志的翻译，大家才明白：敌人的保安队前天南逃时，用刺刀逼迫一些青年人跟他们一起南逃。不愿走的人就被他们用刺刀杀死……死者中就有她的哥哥。

"阿次妈妮（朝鲜语，大嫂）……阿次妈妮！"她说着，把战士们拉到一个大坑前。那里躺着十几位妇女的尸体，一些尸体的衣服、首饰也被掠走。

"强盗！"邱少云从牙缝中挤出几个字，"难道他们没有父母、姐妹？"

此时，连长和指导员也闻讯来到大松树下。连长大声说："同志们，帝国主义今天在朝鲜干的事，就是明天准备在中国干的。让我们记住这笔血债吧！我们要为无辜死难的人们，报仇！"

"对！报仇！"

"报仇！"

低沉的怒吼声，震撼着四周的山谷。九连官兵含着眼泪，掩埋了那些尸体。此时天色已经微微发白，战士们静静地躺进刚挖好的掩体内。

在平川里的宿营，令战士们终生难忘！他们谁也没有睡意，两眼凝望着天空，心早已飞向了那战火纷飞的战场，等待复仇时刻的到来。

火线运输兵

经过 6 天的日宿夜行，越过无数山川峻岭，闯过几道封锁线，部队进入预定的战场。

入朝以来，战士们就渴望上前线和敌人一拼，当下残酷的战场就呈现在眼前。森冷、严峻，加之连续行军的疲劳，还是让有些新战士心里发怵。

连长大步走向队伍中央："同志们！报仇的时刻到了！"

战士们一听，都自动站好队形，等待战斗命令。连长接着说："在志愿军的全面攻势面前，美帝国主义强盗害怕遭到分割打击，急急后撤了。今天零时，敌人以三八线上汉滩江南岸的罗家山为屏障，组织火力，掩护残军南逃。团首长命令我连，立即突破汉滩江，强攻罗家山，摧毁敌人的所谓'立体防线'，粉碎敌人的南逃计划！"

"坚决完成任务，为朝鲜的母亲报仇！"

战士们齐声呼喊，个个精神抖擞。李士虎用手指戳了戳邱少云，比画一下拳头。接着，连长点了 10 个战士的名字，命令道："点到名字的同志，到公路右侧集合，其他同志由各班带开准备！"

被点到名字的 10 名战士里刚巧有邱少云和李士虎。

"有你们的，抢上了哈！"老兵拨弄了一下军帽，老味又卖开了。

10 名战士都到齐了，连长走过来直看着大家。

"连长，是啥子任务！"愣头李士虎已耐不住，其他同志也纷纷请战："连长，交代任务吧！我们一定完成。"20 只眼睛直盯着连长的脸。

连长的神态，叫邱少云心里犯疑。连长做事向来果断，为啥停住了？莫非任务太重？要淌血？

唉，到朝鲜来的人谁都是准备流血的，不流血咋个保家卫国？

"同志们！"连长说话了，"根据上级指示，连党支部研究决定，你们几个同志暂时离开九连，到团集训队去，一切行动，听集训队的安排。"

"干啥子？"李士虎插嘴问，感到有些不妙。

连长把意图告诉了他们："为对付拥有现代化装备的美帝国主义，团首长决定从各连抽调一些同志组成集训队，一面学习军事技术，一面完成战斗保障工作，运弹药、抬伤员……"连长一字一句地说，用眼睛观察每位同志的表情。

"有意见吗？"连长问。

邱少云抿着嘴没吱声，但脑子里全是疑问：为什么偏偏要从九连里抽人呢？九连是什么连队？战功卓著的英雄连！眼下强夺罗家山的主攻任务正等待着哪！为啥偏偏在这个节骨眼上调人走？为啥偏偏要调我邱少云走？话到嘴边，却没说出来，是因为被早已深深刻在他脑海里的话堵住了——

"一支军队，没有纪律是最可怕的。大伙在一起，你想干这个，他想干那个，就如同一盘散沙。

上级下达的每一道命令，制定的每一项纪律，都是从全局利益考虑的。每个战士，每个指挥员、战斗员，都必须自觉遵守，自觉服从，坚决执行。"这是朱连长在祖国内江地区剿匪时，告诫他的话。他急促的呼吸平静了许多，拧紧的眉头也舒展了。

"我服从！"邱少云带头表态。其他同志也随着回答。

朱斌轻轻舒了一口气。多快呀！一年前，听到撤退命令怎么也不肯转身的倔强青年，如今也懂得从整体、从全局利益看问题了。从苦难中走出的青年农民，成长为一名真正的革命战士，是要不断经历严峻考验、付出艰辛努力的。这里既要冲过敌人密布的枪林弹雨，也要冲破旧思想、旧意识的障碍。而跨越思想上的障碍并不比冲过敌人的炮火更容易……这一关，终于被邱少云跨过来了！连长欣慰地笑了。

集训队是一支由各连临时抽调人员组成的队伍。全队人员一到齐，首先投入保证罗家山战斗的运输任务之中。

邱少云被分配在第一小组，他们共 20 人。当天，他们背好支架，就出发了。

两三箱子弹扛上肩膀，邱少云立刻感到搞运输也不是一件轻松的工作。

这不，刚走了一段路，又跨过一道大坡，一条宽宽的大江挡住了去路。江面上的大桥早已被敌机炸断，江边拥挤着一大批人马。所有的人马、物资只能从临时架起的这座便桥上通过。

便桥上拥挤异常。炮兵部队过来了，一面赶着拉炮的牲口一面叫："借光！借光！大炮来啰！当心牲口踩着脚！"推手推车的是从祖国东北来的民工，他们满头大汗地喊："枪要弹，人要饭，粮食运不上去，你们咋打仗呀！"朝鲜老人、妇女组织的支前队也赶着牛拉的木轮大车挤在人流中，喊："东木（朝鲜语，同志），巴利（朝鲜语，快点）！巴利！"

运输队赶到桥头时，桥面已没有插脚的空隙。一些同志担心挤不过去，敌机一来又要耽误大半天工夫。正犯愁，只听邱少云轻声说了句："跟我来！"他便领头侧身插进了人流。在家时，他学会了挑担赶集的本事，再挤的人流，他也能轻松自如地穿行而过。他瘦小的身子灵巧地在前面开道，瞅准空隙就侧身插进去，运输队的十几名队员跟在他的身后，一个个顺利地走到了桥当中。

"嘟——嘟"，一队满载物资的卡车开上便桥。喇叭按得一声高过一声，司机把头伸出驾驶室，扯着嗓门喊："借光！同志！这车是从祖国开来的。走了几天几夜，要赶着把粮食、弹药送上战场。"

"祖国"二字此刻有着特殊号召力，过桥的部队一听见都尽量挤紧身子，给车队让出一条道。汽车擦着步兵战士的胳膊往前开……忽然，后面谁挤了一下，前面的一串人都跟着身子倾斜，李士虎人小身轻，脚没站稳，一脚悬空，邱少云伸手一拉，用力过猛，自己背架上的子弹箱甩掉了一只，只听"扑通"一声，江面冒起一股冰水。

"糟糕！"邱少云惊叫了一声，连忙卸下身上的背架就要往水里跳。身旁一位同志一把拽住他："跳不得！同志，你晓得江水有多深？天这么冷，不就一箱子弹吗？"

"说得轻巧，一箱子弹能打死几百个敌人。祖国人民从大老远的地方送上来，我不能让它睡在江底。"说着，邱少云甩开他的手，脱下棉衣"扑通"一声跳入江中。

初春的朝鲜，仍然十分寒冷，江水夹着碎冰冲击岩石，发出令人心寒的响声。

便桥上，战友们几十双眼睛紧盯着水面。等了好一会儿，邱少云的头终于露出了水面。"哎呀，可算出来啦！"大家一齐向他伸出手臂。

"捞上来了吗？"李士虎焦急地问。

邱少云摇摇头。

"算了吧！"李士虎劝他，"你会冻僵的。"

"不！"邱少云吐出一个字，他没抓战友的手，大口呼着气，估摸一下位置，又一头钻入江底。

战友们的心，又被提到了嗓子眼儿。集训队中初次和邱少云接触的人，都觉得这个战士脾气怪，身上有一股出奇的顽强劲儿：乍一看，他脸色蜡黄，言语不多，身子又瘦又弱，显得没有精神。可这会儿，都被他身上的一股出奇的顽强劲儿所感染。此刻，大伙儿不敢再说什么了，全都站在便桥上暗自替他使劲儿。有的人揪紧自己的棉裤腿，有的人咬住手指头，有的人开始卸掉身后的背架，准备一旦发生意外就跳下水去营救。

"咕咚！"邱少云的头第二次露出水面。这一回大伙看见，他肩头托着一个黑乎乎的东西。

运输队员七手八脚连人带弹药拉上了便桥，迅速赶往岸边。

"过来暖暖身子吧！"大家争相解开棉衣替他暖身子，不由分说把他的手脚插进自己的怀里。

不一会儿，邱少云"腾"地从战友的怀里站起，穿上棉衣、背上弹药又继续前进了。

一路上，呼啸的炮弹拖着长音从运输队员的头皮擦过，爆炸引起的气浪呛得人鼻孔、嗓子眼儿发烫。

前面，那个在硝烟笼罩下的马鞍形高地，就是敌我双方拼命争夺的罗家山。

"拉开距离，俯身前进！"有经验的运输队长高声喊道。他双手托住背后的背架，一俯身带头进入阵地。

邱少云紧跟老兵，一猫腰钻进烟雾中……这时的阵地，敌我双方争夺已达白热化程度。机枪、火炮打得空气发烫，我军对主峰的守敌已经发起多次冲锋未果，惊慌失措的守敌也调集了所有火炮，凭借有利地形拼命向我军进行还击，企图摧毁我军的攻势。经历几个回合的激战，部队弹药消耗巨大，正在他们集中所有火力准备发起最强大的攻势之时，运输队的战士及时进入阵地，他们把一箱箱子弹递到勇士们手中。

"子弹！子弹来了！"

"好！来得正好！谢谢你们！"听到前线勇士的"谢谢"，邱少云心里涌起一股热浪。他想，流血的是你们，祖国应该感谢的是你们……只有这时，他才感到运输工作是多么重要，不可缺少。战争，是一架完整的机器，前方、后方是一个不可分割的整体，缺了哪一部分也无法取得胜利。他向浴血奋战的勇士们喊道："狠狠地打！我们还会把更多的子弹运上来！"

让邱少云意外惊喜的是，就在罗家山战场上，他与九连的战友们见面了。

他紧握着战友的手，那熟悉的面孔已辨认不出是谁了。三班长的脸孔变得乌黑，嗓子已经喊不出声；爱开玩笑的大个子左腹部受伤，头发被烧掉了，帽檐儿烧去了大半；连长朱斌腿部负了伤，他躺在连指挥所大口大口地喘着粗气。由于失血过多，他的脸色变得土黄，满脸的胡茬显得又黑又长。他的棉裤已被鲜血染红，鲜血从裤腿中渗出。他一看见邱少云扛着子弹箱走来，就挣扎着欠起身子："好，你们来了。谢谢！我代表全连感谢你。"

"连长！"邱少云心中涌起一阵酸楚，他走到朱斌身旁，轻声说，"你负伤了？我背你下去。"

朱斌粗着嗓门回答："先把大个子兵背下去，他伤得不轻。我能走，上级让咱们九连不惜一切代价拿下罗家山，现在罗家山还在敌人手里，我这个一连之长怎么有脸先撤。"

说着，他的脸孔换了一副表情，焦急，冷峻。这使熟悉他的邱少云吃了一惊。只见连长转过头，对通信员说："去叫指导员来一下！部队得重新组织，重新编组，组织进攻！"他的声音依然粗壮、响亮。

邱少云觉得，这个勇敢的身躯即使流尽了鲜血，也不会发出畏缩、虚弱的声音。

连长猛地站起来，他两眼冒着怒火，朝前走

去……身后留下一行血迹。

……

下山时，邱少云的脊背上驮着大个子老兵。

邱少云的棉衣被大个子兵的鲜血染湿了一大片。他踏着被炸弹反复"犁"过的虚土，吃力地向前行走……他一想到伤员可能随时因为失血过多而出现危险，就奋力加快了脚步。一面走，一面大口喘着粗气安慰大个子老兵：

"别怕！我决不会……让你再负第二次伤……"

背后，传出断断续续的呻吟声："你……是谁？"

邱少云听见有应答，心中生出一丝宽慰，忙说："我是邱少云。"为了帮助大个子老兵回忆，他想了一下，特意加一句，"就是咱们班里那个脊背上生过脓疮的'解放'兵。"

"唔……"大个子兵把头重重垂在他的肩膀上，"是……少云哪！我过去……对你不好，你别……生气。我这个人……缺点多，在同志面……前，总卖老味……你别……"

邱少云眼里含着泪水，背着大个子兵快速向

前。从前，他的确曾对战友有过埋怨，可是，在共同的生活中那些埋怨已被友爱取代了，心里只剩下了"爱"。此刻，他啥话也说不出，只是轻轻用手把大个子兵的身体向脊背上送了送，让他躺得舒服一些。他听见大个子兵仍在他的脊背上缓缓地说着什么：

"这一仗，我没……打好……"

"不对！"邱少云扭过头，对他说，"你打得很好！你是真正的勇士。"

"……还差……还……"大个子兵的声音越来越微弱，可是身体却猛然一挺。

邱少云停住脚步，轻声问他："你要做啥？"

大个子兵身体挣扎着："给我枪……我要打……"

"放心吧！连长他们一定能夺下罗家山！"邱少云对他说。

"好……"大个子兵嘴中吐出一句话，然后就昏过去了。

邱少云加快了脚步。他拼命朝山下奔跑……他终于在最短的时间里，把大个子兵安全地送入战地卫生队，保住了他的生命。

从罗家山下来之后，邱少云背架上的子弹箱一下子由3箱变成了5箱。在炮火纷飞的情况下，这些数字的增加并不容易，子弹箱垒在一起高过了头顶！

超负荷的运输，累得不少同志口吐鲜血。

邱少云也感到身体吃不住劲。他怕摔跤影响运输速度，就在鞋底捆了一把草绳，这样跑起来就不易打滑。碰到别的同志体力不支时，还伸手帮一把。

由于过度的疲劳和硝烟的刺激，邱少云的两眼红肿起来。白天，受阳光的刺激，他两眼就疼痛流泪；天一转暗，他的眼前又模糊一片。走路时尽往石头上撞，身上多处碰出了血斑。

集训队领导知道后作出决定，夜间禁止邱少云参加运输，要他留守驻地，老老实实睡觉。

睡觉？邱少云心想，莫非我成了没用的人？他哪能躺得住，急中生出一计：

这天天刚黑，大伙吃了炒面又准备出发。邱少云突然拉了李士虎一把，顺手把一根麻绳塞进他手里。

"做啥子?"李士虎问。

"今晚你牵着这根麻绳走。"

"少云,你不能去。"

"莫嚷嚷。"邱少云制止了他。

李士虎捏住绳头,一拽,绳子的那一头正绑在邱少云的裤带上。一切都明白了,他把麻绳丢开:"我不干。"

"试试嘛!我不会拖你后腿的。"邱少云说。李士虎见他不让步,只好抓起绳头答应试试。

队伍出发了。漆黑的夜,天上没有一颗星。运输队员们背负着沉重的背架,快速向前赶路,人人都想在天亮前翻过前面的一座大山。

跑了一段路,队伍中发出"呼哧""呼哧"的喘息声。在险峻的山路上负重奔跑,身板再壮实的人也感觉吃力,何况志愿军战士每天只能吃几两炒面,每个人的体力都在明显下降。

队尾,有两个人走得更吃力。前面的人,手牵一根绳子,悄声对后面的人提示路面情况:"靠左!""靠右!"

"上坡啰！""小心，脚下有坑！"

后边的人，紧跟着他一脚高、一脚低地赶路，几次他都撞在石崖上。前面的人说什么也不干了，扔掉绳头哭起来。整个队伍听见动静，都停下来。

"怎么回事？"小组长终于发现了秘密，一看就火了，"邱少云，你马上就地休息，等候同志们送完弹药带你返回驻地！"

邱少云站着不动，也不卸身后的背架。他身上背了3箱弹药。

"上来几个人，给他卸下！"小组长下了命令。

这时，几个人上来要卸邱少云身上的背架。邱少云急了，一跺脚："就让我上去吧！我不会影响行军速度。现在，多上去一个人就能多背上去几箱子弹。我眼睛不好，不能顶一个好人用，也能顶半个人哪。前方流血的战士，对运输队的要求很简单：枪有弹，人有饭，受伤有人抬……"

"不行！"小组长严肃地说，"现在你有病，你的那份工作，由别人替你完成。"

"替？"邱少云激动起来，"出国时，我的誓言是自己立的，也要找人替？"

小组长被感动了。他走上前，用双手按住邱少云的双肩："好同志，你的连长没看错，你的确是英雄连的骨干！"

"骨干？"邱少云不解地抬起头，盯住小组长。

"是骨干！参加集训队的人，都是各连准备保留下来的骨干。战争是残酷的，要流血，要牺牲，为了使每个连队都能把自己的作风传下去，日后拉起来又能打仗，因此每次残酷的大战前，各连除了保证战斗胜利外，还选送一部分骨干到集训队里一面学习，一面训练战术……"

"连长——"邱少云朝着罗家山的方向，轻叫了一声。一股难以抑制的感情冲击着他的全身，他猛地拨开身旁的运输队员，固执地朝炮声隆隆的战场摸去。

安息吧，敬爱的朱斌连长

经过志愿军官兵的艰苦奋战，罗家山终于被

攻克，美军苦心经营的"立体防线"被撕开一个大口子。接着，志愿军乘胜追击，投入了新的战斗。

集训队完成了学习、运输任务，团首长决定所有同志立即返回各连参加追歼战斗，力歼顽敌于南逃途中。

接到命令的当天，邱少云立即打起背包返回了九连。

一路上，他瘦弱的身子挺了起来，脚步又稳又快。离开连队的这些日子里，他无时不想念自己的那个集体，想念连长。每次运输队接近九连阵地时，邱少云总要情不自禁地对运输队员夸耀："听！是我们老兵的小转盘在响。他们的枪法可准哩！一扫一大片。"

"呀！是我们的三班长冲上去了！看，炸药包爆炸了。嘿！手榴弹也响了。我们九连的战士，个个投弹都在 50 米以上……"

自从在罗家山阵地与九连战友相逢后，他一直没再与战友们见面，也不晓得他们身体是不是结实？连长的腿伤怎么样了？大个子老兵是否转到了后方医院……他的心，早已飞回九连，只恨两腿不能随心一起飞回连队。

他甚至连与其他同志说话的工夫也没有，闷头向前赶路。一会儿工夫，就把大伙甩出好远。大伙在身后叽叽喳喳议论什么，他一点也没听见，只顾向前奔跑。此时他才发现，若不是战火笼罩，朝鲜也是一个美丽的国家！朝鲜的每座山，都长满了苍翠的松柏；每条沟，都淌着清亮的溪水；绵延的山峰首尾相接，起伏跌宕；路旁，金达莱花开放了，一簇簇的粉红花蕾从焦黑的泥土里探出头来，冲着太阳笑。原来，美军投下的百万吨炸弹并没能阻挡住春天的脚步。

他从路旁采了一束野花，放在鼻下闻闻。这种野花的味道，与故乡的报春花差不多。这使他想起了家乡。每年这个时候，邱家沟的报春花、野菊花就竞相开放了，黄一串、紫一串地缀满山坡。然而，在远离祖国的这个春天里，邱少云的心里别有一番滋味。

傍晚赶回连队。九连正隐蔽在一条山沟里，沟边用松枝临时搭起的一个小棚子，是九连的临时指挥所。

"报告！"一靠近小棚子，邱少云就发现干部、战士个个红着眼圈。

"连长呢？"邱少云在人群里看了一圈，问道。

大伙没人吱声。

"连长呢？"他声音变了调。通信员用手背抹了抹泪说："全团在山坡上刚刚开了追悼会。"

邱少云冲过去拽住他："你是干啥子的？你为啥不看住他？你知道他有伤……你……"

通信员放声哭起来："我一把……没抓住……他就冲过去……"

邱少云放声哭起来。泪水滴在手中那束粉红色的野花——金达莱上，这是他亲手采集准备献给连长的，可是他……悲痛，使邱少云无法抑制住自己。他手捧野花猛地朝着山坡跑去。

夕阳，把山川大地涂上了一层红晕，就像被烈士的鲜血染过一般。邱少云站在山坡上，久久地遥望罗家山方向，心中一遍又一遍地呼喊着连长的名字。

朱连长是自己最亲最敬爱的人哪！自己走上革命道路后，哪一次进步没有连长的心血？自己刚挣脱出苦海，第一个把温暖送到身旁的是朱连长！他质朴的憨笑，使一个对生活绝望的人又重新充满对生活的希冀。在战斗中，自己也曾出过差错，表露出偏激情绪，而这情绪一露头，朱连长就及时站到身旁，用浅显易懂的道理开导自己。当自己有了进步，立了功，受了奖，朱连长又快活得像个娃儿，一面表示祝贺，一面又把更美好的前景展现在自己面前……从一个任性、孤僻的贫苦农民的儿子成长为一名解放军战士，这中间倾注了朱连长多少心血？现在，朱连长永远离去了。邱少云抑制不住自己的感情，放声痛哭起来。

夕阳，似火，似血。邱少云站在火红的山坡上，对着朝鲜的山川放声呼喊，他要把连长呼唤回来……

不知何时，指导员来到他的身旁，扶着他的肩头坐下，和他一起望着罗家山阵地。

"朱斌同志是祖国的骄傲。他生命的最后一刻还在冲锋，大腿动脉被打穿了，鲜血喷得像泉涌，几条止血带都止不住。可是一听到上级'不惜一切代价拿下罗家山'的命令，他强忍剧痛从担架上跳起来带领战士冲锋……"

邱少云的眼前，又一次浮现出在罗家山上与朱连长最后一次相逢的情景：负伤的身体、殷红的血迹……顿时，悲痛被无上的自豪取代了。朱连长——他就是用特殊材料制成的人。他猛地抓住指导员的双手，过分的激动，使他动了动嘴却啥话也没说出来，全身都因激动而颤抖。

指导员望着火红的云霞，深情地说："人的生命是短暂的，有限的。所以，我们每个人都必须珍视人生，一时一刻也不能荒废，要像朱连长那样活得有意义，有价值……"

"生命……意义……价值！"邱少云的注意力被这几个字攫住了。过去他从课本上曾见过它们，读过它们。然而只有今天，才真正读懂了、认识了它们。他反复咀嚼这几个字，觉得耐人寻味，仿佛能把自己带入一个崭新的境界。

指导员望着他，继续说："朱斌同志的血，洒在朝鲜的土地上……还有许许多多英雄的血，洒在了祖国大地上。刘胡兰、董存瑞、赵一曼……人，就是这样，只有当他与人民的整体利益融会在一起

时，他的生活才有价值，他的生命才有意义，无论他活着或是死去，人们都会永远怀念他……"

邱少云咬紧嘴唇，极力把每个字牢牢抓住："……一个人，只有当他与人民的整体利益融会在一起时，他的生活才有价值，他的生命才有……"他一遍又一遍重复，直到把它们都刻入心间。

蓦然，指导员从邱少云眼里发现一种从未见过的光亮。这目光刚毅、坚定，不可动摇，仿佛在向老连长表示誓与敌人战斗到底的决心，又好似在对人生作出重大抉择。

指导员和邱少云一起，把一束金达莱花插在一株高大的红松树权上，用春天最早开放的鲜花向亲爱的战友表达敬意。

天黑下来，山谷里响起急促的集合号声，紧急作战命令下达了：上级命令邱少云所在部队以穿插、迂回手段，切断洪川东北美军第二师与伪军之联系，牵制中线的伪军，保证我主力在东线歼敌。

命令来得紧急，战士们未擦干缅怀烈士的泪水，就踏上了夜行军的征途。

这是一场追击战。前面，全副武装的敌人正

以每小时 80 公里的速度向洪川一带机械化行进。我追歼部队只能靠两腿奔袭敌人。战士们甩开双脚，开始急行军。一边跑，一边往嘴里填炒面。

九连作为尖刀连跑在全团最前头。罗家山之战，九连已由原来的 100 多人减员到几十人，三班只剩下 5 名同志。邱少云在班长的带领下默默地奔跑着，他知道，更加严酷的考验在等待着他……

战斗小组长

第五次战役结束后，美军发动的所谓"有限度的夏季攻势"也遭到了重创，因而对志愿军阵地不敢轻易冒犯，每日仅以小股部队频繁骚扰。根据志愿军第十五军党委制定的"积极防御，巩固阵地，消灭与消耗敌人，保存与提高自己"的作战方针，邱少云所在的部队奉命驻扎在朝鲜中部的长川洞一带休整，开展群众性练兵活动，时刻准备粉碎美军可能发动的更大规模的军事阴谋。同时，为加强和巩固现有阵地，为赢得战争胜利创造条件，各部以连为单位在防守阵地开山劈石，展开坑道作业。官兵们不分白天黑夜地苦干，把坑道的作业面一段段地向山肚子里伸展。

九连长朱斌牺牲后不久，上级就派来了一位新连长。新连长叫程子英，是师首长最得力的侦察参谋，训练严格，能打仗。师长舍得把身边最好的干部派到九连，这是他对九连的信任。

新连长一口山东腔，是个"老资格"。

新连长到任后的第一次讲话让邱少云印象很深："九连是个光荣的连队，谁到这个连队来都要认真想一想，怎样才能不玷污连队的光荣。往后，咱们要共同努力，拧成一股劲，争取为九连增添新的更多的荣誉……"

上级也为九连补充了许多新兵，他们大多是刚从国内新征入伍的。

李士虎被提升为三班副班长。宣布命令的那天，邱少云高兴地拉住他的手说："放心吧！我会全力支持你工作的！"

指导员也对邱少云说："连里根据你的表现，决定让你担任三班第二战斗小组的小组长。"

"我？"邱少云吃惊地张大嘴巴，"派我做点别的吧，我文化低，嘴又笨……"

指导员拍着他的肩膀说："一个有觉悟的战士，应该带领同志们一起前进。连队的情况你清楚，罗家山一仗部队减员很多，九连的作风得传下去，这任务得靠活着的人带……"

邱少云猛地抬起了头，"指导员，我干！我会好好地干。"

新兵黄青顺刚分到第二战斗小组，就对这个小组长大失所望。此前，他想象自己的战斗小组长应是个大个子，粗胳膊，抬手能拧掉几个鬼子脑袋，吼一声山川大地跟着抖……谁料，这组长个不算太高，胳膊不壮，人生得精瘦，简直看不出能领兵打仗。特别是部队转入大规模的坑道作业后，小黄对自己战斗小组长的成见更增加了一层：前方冷枪冷炮打得正热闹，他倒甘心猫腰在洞里干，常常连班倒，虎口震裂了，手肿得像馒头，照样抓大锤。看上去，是个"荣誉感不强的人"。

小黄是河南大平原入伍的战士，说是 18 岁，实足年龄只有 16 岁，夜间站岗还怕"鬼"。别看他说话奶声奶气的，可他把枪看得很珍贵。枪发下来当天，他就求人缝了件布衣把枪罩住，放到哪都觉得不放心，每隔一会儿就揭开枪衣看一看。起初，大伙都喜欢他，因为他有文化，班里还选他当了读书读报的"小先生"。可是部队转入坑道作业后，他的表现就叫人失望了。打坑道时，他无精打采，对工具也不像对枪那么爱护，进出坑道时常把锹、镐拖着走。邱少云对他早憋了一肚子火。一天，邱少云终于憋不住，两人当众吵起来，这事轰动了全连。

　　那天，正是坑道作业最吃紧的时刻。作业面上突然碰见了又黑又硬的石砬子，铁镐碰上去就冒火星，连刨数十镐也只留下个白点儿。几个小时过去了，只抠出耳朵眼大小的洞。这个进度真叫人着急！时间多紧张。上级要求坑道作业的部队必须赶在第二年春季来临前在前沿阵地筑起一道"攻不破的钢铁防线"。为此，九连的官兵个个脱掉棉衣，光着膀子大干，恨不能一拳头在大石砬上砸出个窟窿。

偏偏在这个较劲的时刻，小黄迟到了。他走进坑道，慢腾腾地脱棉衣，邱少云一看心里就冒火。起初，他还压得住，耐心地问小黄："怎么又来晚了？"

小黄用眼角瞟瞟他："俺又没玩，就趴在小树林里瞄枪。"

邱少云把工具递给他："干活吧，这段工程正吃紧。"

小黄没吭气，拖着工具来到作业面，铁镐跟地面碰得冒火星。

"小黄，你该爱护工具。"邱少云肚里的火冲上来，他极力忍着。

"破锹破镐的，啥稀罕？在家俺天天使唤它。"小黄嘟哝道。

"啥子？"邱少云的火终于压不住了，"铁锹铁镐都是连队的宝。它们是从祖国运来的。为运它，运输兵累得吐血。你现在不是老百姓了，咋个连这点觉悟也没有？"

"说俺没觉悟？"小黄也火了，眼睛瞪得老圆，

"凭啥？俺离开爹娘，大老远地来朝鲜……"

小黄越说越委屈，蹲在一边哭了起来。坑道里的人围过来，有的说，有的劝。

邱少云后悔了。他本想用几句有分量的话提醒小黄，谁想一刺激反倒搞僵了。

"我有啥子本事？"邱少云埋怨自己，转身来到作业面，目光碰到洞壁上挂的牛皮公文包，那是老连长朱斌留下的遗物，邱少云立即想起老连长的工作作风。从前自己也是一个任性、不懂事的青年战士，可是老连长不嫌弃，一步一步扶着自己走，从不用刺激的话刺痛自己心中的伤疤。我呀，为啥就不能宽厚待人？小黄只有 16 岁，若不是美帝国主义捣乱，他说不定此刻正背着书包，在故乡的学堂念书哩。

他心中的火熄了，决定找机会把个人与整体的关系慢慢讲给小黄听。

这天夜里，指导员派邱少云带领几名新战士到兵站背粮。小黄真是个孩子，一听就高兴得蹦蹦跳跳。

夜幕笼罩山野，无数颗星星挂在天上，山间

的溪水在哗哗流淌，若不是这场战火，朝鲜的夜该是多么美丽！小黄像只出笼的鸟，一会儿冲到队前，一会儿又故意落在队后。在寂静的深山里行走，他感到浑身痛快。

翻越一座大山，他们上了公路。这里已能听到炮弹的爆炸声。邱少云提醒大家："这里是通往前沿的交通线，通过时必须格外小心，不管白天黑夜都得竖起耳朵，注意听炮弹的出口声。"

小黄不以为然，照样蹦跳着往前走。突然，小黄感到有人奔过来拉了他一把："注意！敌人的炮弹打过来了！"

话音刚落，一群炮弹在不远处爆炸了。随后，炮弹又拖着长音，不断地在头顶飞过。小黄不禁缩紧了脖子，低姿行走。

"这种炮弹没关系，"邱少云对他说，"其实你听见声音时，炮弹早就飞过去了。假如你听到'嗖'的一声，那就不好，就要赶快卧倒、隐蔽。"

听邱少云一说，小黄甩开大步往前走。刚走出十几米，耳边又传来炮弹的出口声，方向正朝这边来。来不及多想，只见附近红光一闪，"咣咣"

几声，几颗炮弹在附近爆炸了。顿时地面一震，土屑乱飞，烟雾腾起。邱少云见小黄抬起身子，一步上前把他按倒，说了声："注意排炮！"话音刚落，一排排炮打过来，山坡上飞起一片浓雾。

"哎呀，真险！"小黄爬起身子，偷看邱少云一眼，只见他早已爬起身，没事似的向路边的山坡拐去，仿佛身边并没发生爆炸。小黄做梦也没想到，这个整天钻坑道、打坑道的人，在敌人的炮火下竟如此果断、敏捷。他向邱少云贴过去："你真行！要在战场上，你肯定能立功，当英雄。"他替整日窝在山肚子里打坑道的邱少云惋惜。

邱少云领着他们朝山下跑去。边跑边对身后的小黄说："为啥子只有在战场上才能立功当英雄？啥子地方都能干，啥子地方都能立功。"

"你就没想过当英雄、戴奖章吗？"小黄问。

"想过。"邱少云回答，"我是一个好强的人。出国时，和大家一样宣了誓，如果不死在朝鲜战场，就要戴一枚'朝中友谊纪念章'回国。"

小黄听了他的话，也把自己的心思告诉他："不立功，咋回去见乡亲们？俺离家时，村口拥了好多人，黑压压的一片。村长亲手为俺披红戴花，红绸上绣了8个字：'杀敌立功，保家卫国。'走出一里多地了，俺回头看，还看见乡亲们站在村口向俺招手。俺娘隔老远还喊：'小子，保住咱的好日子。'俺对他们拍了胸脯：'头一封信，俺就把立功喜报捎回家。'"

小黄的一番话，让邱少云心里发烫。小黄年纪虽小，单纯活泼，但上进心强。他的缺点也与自己从前一样，不懂得杀敌立功与整体利益的关系，不能站在全局角度想问题。

邱少云向小黄身旁靠过去，深情地说："想立功，不是坏事，一个战士就该有这个志向。可是，要立功在哪儿都能立，只要你忠诚……"

说到"忠诚"，他又想起老连长，眼睛微微发涩。

说话间他们到了山顶。放眼眺望，黑黝黝的山岭起伏跌宕……邱少云指着群峰对小黄说：

"你看，我们将在这样一条漫长的战线上，修起一条敌人攻不破的钢铁防线。"

"在哪？"小黄问，两眼在黑黝黝的群峰间

搜寻。

"在山肚子里。"邱少云脸上显出骄傲的神色，"这防线，是世上从来没有过的。它从东海岸到西海滩，横贯朝鲜中部的高山深谷、大小平原，听说坑道首尾相接，长度足能到北京。"

"这么长——"小黄叫出了声。他第一次感觉到连队挖的小小的山洞，是和这么长的战线连在一起的，心里有些激动。

邱少云两眼望着无垠的山川："这样一条防线，全凭着我们两只手一锤一镐地打出来。"

小黄的心被一股热浪包围了。他发现这个瘦弱、安静的战斗小组长胸中还蕴藏着丰富的感情。他被感染了。

回到驻地天已拂晓了。听下夜班的同志说，这一班进度不理想，邱少云没顾上喘口气，又跑进坑道。他想，靠拼力气是拼不出进度的，得改进操作方法。他点起松明子蹲在作业面前琢磨起来，两手摆弄着钢钎，叮叮咚咚地敲打，想在炮眼上想办法。正集中精力想事时，忽有一只手伸过来，替他掌住钎子。抬脸一看，是小黄，不觉一惊："你跑了一夜路，还不去睡？"

"你呢？"小黄反问。

"进度上不去，硬是急死人。想不出好办法，大家都憋气。"

"从明天起，我也要抢大锤。"小黄说。

"不行！你人小，劲小，做一点辅助工作就行。"邱少云说。

小黄看到战友夜以继日地苦干，他哪里能安心做辅助工作？第二天，小黄抱起16斤重的大锤，就往作业面上挤，谁也拉不住他。

这可急坏了三班长。抢大锤不是闹着玩的！一锤下去，石碎碴溅，谁敢给他掌钎？这时，邱少云站到三班长面前："叫他练一练吧！军党委号召'人人学会扶钎打锤'，不让他上作业面，九连咋个达标？"

"嗯。"班长点点头，但是眉头并未松开。

"让我给他掌钎。"邱少云恳切地说。

三班长的心忽地一跳。在危险时刻，这位战士总是挺身而出——行军中，呼啸的炮弹即将爆炸，他用身子挡住战友；去兵站背粮、背物资，他悄悄走在危险地段，把好路让给别人；战士中有人出现了思想问题，他主动地去帮助……忽然，三班长眼前浮现出一个熟悉的身影。对！那是老连长朱斌，难怪大伙儿说近来邱少云变了，变得越来越像老连长了！像老连长那样会做工作、会关心人体贴人！

苦涩的松枝水

严冬在不知不觉中来临。不知啥时候坑道外面下了一场雪，整个中线战场变成一片银白的世界。战争留下的一切痕迹——弹坑、壕沟、秃山、焦黑的村庄，都在一夜间被掩盖了。

山洞里，紧张的坑道作业仍在进行。上级一再提醒坑道作业的部队：随着气候的变暖，敌人的攻势随时有可能到来，未来作战的胜利在一定程度上取决于阵地的巩固。为此，全军上下展开了更加紧张的作业，战士们冒着密集的炮火，开山劈石，争分夺秒地赶进度。胳膊肿了，浸浸冷水再干；手磨破了，在锤把上缠上布条；手上的茧退了一层又一层，胸脯、臂膀上的肌肉突起老高……正当坑道作业接近尾声时，意想不到的情况出现了：许多战士得了一种奇怪的病，他们白天干活扛木料炸石头还挺带劲，可是太阳一落山，眼前就什么也看不见了，一个个变成了睁眼"瞎"，走路若没人牵，就会往人身上和石头上撞，夜间派人站岗、搜山、巡逻都出现了困难。

新连长程子英大为恼火，带兵多少年来还从没遇到过这种事。指导员王明思被派去接待志愿军归国参观团走了有一周了，临走时没来得及细谈，只留下一句话："任务越紧，工作更要想得细些。"

"细？"连长心里寻思着，怎么个"细"法才合适？"咳，战势相对稳定了，松懈情绪也冒头了……"在纷乱的思索中，他得出这样的结论。

卫生员及各班卫生战士频频报告："部队出现了夜盲症。"

"见鬼！"他大发脾气，"能吃能睡的，有啥病？"

这天，程连长跟战士们抡了一宿大锤，天亮时刚被替下，浑身疲劳，想回去躺一会儿。一出坑道，见邱少云手端一碗绿水走过来，他奇怪地问："啥东西？"

"松枝水。"

"弄这干啥？"

"试试能不能治夜盲症。"

又是"夜盲症"！一听这3个字，程连长就冒火，怒气上冲。可还是压住了，"能治吗？"

"兴许能！"邱少云说，"我试过几次，不好喝，可没啥坏反应。眼下部队缺药和新鲜蔬菜，听卫生员说绿色植物里有维生素，大冬天带绿色的只剩它……"

"兵是越来越娇了。当年打日本鬼子吃不上一碗高粱米，没听说哪个缺维生素，照样扒敌人的岗楼……现在啥条件？有棉衣，有棉被，冻不死，饿不坏，动不动闹出什么夜盲症……我看是'怕苦症'。"

"啥子？"邱少云两眼射出逼人的火，他的自尊心被伤害，愤然举起碗，看样子要用力摔下山崖。可他抬了抬手，却放下了，端着那碗绿水转身回自己班的防空洞去了。

连长拉长着脸喊道："通信员！今晚天黑后全连紧急集合，我倒要见识见识啥东西叫夜盲症。部队不抓不得了！哄着，惯着，总有一天会出毛病。"

晚上，一阵紧急集合哨响起。各班防空洞和作业坑道里的灯一起熄灭。战士们迅速整理装具，一个牵一个快速奔向集合场地。程子英扔下手电筒走出坑道。今天的夜出奇的黑，一切都仿佛被黑夜吞噬了。程子英觉得，山没有了，树没有了，眼前常走的小路也没有了。今天是农历十几？他极力回想，怎么就不出月亮了？他感觉行走困难，幸好这条路他常走，还是摸到了集合场。

"同志们！"一跨上集合场，他就严肃地讲话，谁想，话刚出口，身后"哗"的一片笑声。他愣了，怎么自己竟然背对着战士讲话？赶紧揉揉眼转过身。可是眼前一片黑，一个战士的影子也看不见。他急了："哎呀！我怎么看不见？眼前是些黑坨坨？"

"糟糕！连长也得了夜盲症。"不知谁这么喊，大家都紧张了。连长这才意识到问题的严重性。原来这些日子，他出外巡夜都打手电筒，没觉出眼睛有病，他冲队伍大声喊：

"卫生员，快统计一下连队多少人得了夜盲症！到卫生队去领药。"

卫生员说："目前药品困难，一月只发两瓶鱼肝油，不解决问题。"

连长烦躁地搓起手来，好像手里能搓出药丸。他知道眼睛对于部队作战的重要性。敌人暂时掌握着制空权，我军多采用夜间出击的办法对付敌人，眼睛都坏了怎么打仗？正着急，突然想起白天邱少云端的那碗绿水。

"邱少云！"

"到！"邱少云一步从队列里站出。

"上午你说什么来着？什么水能治夜盲症？"

"松枝水。"邱少云说，"背粮时，我听其他部队的战士说，松枝水能治夜盲症。"

"好！松枝水。从明天早上起，全连都喝松枝水！"连长大声说，口气坚决得像下战斗命令。

邱少云说："那水又苦又涩，下午试了试，许多同志不爱喝。"

"谁不喝，告诉我！"连长说，"从明天起，我亲自监督。英雄连队人人都该像只虎，不能变成夜瞎子。"

队伍解散后，连长这才意识到，任务一紧，他就容易出现粗枝大叶的毛病。他对邱少云说："还是我心不如你细。"

邱少云解释道："一个人想问题哪能样样周全？再说，咱们这支部队在国内南征北战，从来没碰到过这种奇怪的病症，不知道的大有人在。"

"不！"连长截住他的话，"一个人如果没有对集体、对战友的爱，做事就不会想得那样周到、细致。"

邱少云没吭气，转身回到自己班里，他觉得在这样的队伍里全身都带劲儿。

至1952年5月，当金达莱花又一次开放时，志愿军在敌我对峙的三八线附近已筑起了一道攻不破的"钢铁防线"。

这个捷报和消灭敌人的捷报一样振奋人心，它预示着困难时期已经过去，敌人的所谓"空中优势"已大为削弱，我军已有条件争取主动出击。为此，战士们亲昵地把坑道称为"阵地之家"。有了这个"家"，官兵们吃饭再不用从几十里外的后方送来，随时可吃上热饭、热汤。

由于营养、松枝水和药物的共同作用，"夜盲症"在各部队被根治了。战士们拍着胸脯高兴地喊："来吧！美国鬼子，我们等着你！"

04 为整体　为胜利

摆问题的"诸葛亮会"

进入 9 月，秋风送爽，秀丽的朝鲜山川虽遭受到战争的重大创伤，却依然被秋风染上了美丽的颜色：枫叶红了，一片片在山冈上摇曳；田野里也有零星的果实：水稻、玉米、土豆的行垄在布满弹坑的土地上起伏着、伸展着。

吃过晚饭好一会儿，太阳才把金色的余晖收拢，山谷里飘荡着几缕白色烟雾。往常这时正是"阵地之家"最热闹的时候：做游戏，打篮球，看祖国寄来的图书、画报，或者给新结识的祖国朋友写信……可是今日，坑道里异常寂静，战士们都坐在松枝铺上发愣。

原来，几天前中国人民志愿军对敌人的全线反击开始了，外面不断传来捷报，友邻部队纷纷把战线向南推进，九连却在原来的位置没动。这让战士们感到像后退了一样难受，晚上躺在松软的松枝铺上都睡不着觉，晚饭后的闲暇时间更没有人玩了，连长、指导员怎么轰也轰不动。

连长抱来一个布篮球，对大家喊："来呀！坐在这儿不怕消化不良？快到小树林里抢一阵。"

没人响应。

指导员也摇动留声机："咳！来听听！这是《王大妈要和平》……要呀么要和平……"他满以为这样能把大家从铺上拉起来，没想到越听这歌大伙心越沉：祖国母亲正盼望胜利的消息呢，作为英雄连的战士，坐看兄弟部队与敌人交战，心里咋能安？

李士虎气呼呼地走过去，把唱针提起，坑道里又恢复了寂静。说也怪，师长偏巧这个时候赶来了。师、团首长一跨进坑道，满脸都是笑："哈哈，休整了这么些日子，身体恢复得不错吧？"

"还问呢！"李十虎"噌"的从铺上跳起来，

"首长，干脆说吧，我们从哪儿往南推？"

师长走到战士自制的沙盘前，用手指着一块突出于我军阵地前的高地。

391？战士们立刻明白了。

这些日子，他们早把目光盯住了敌391高地。这高地位于我军阵地右翼最突出位置，像个钉子揳入我军阵地，是方圆十几里的制高点，标高391米。据守在高地上的是敌军一个加强连，他们凭借坚固的设防，每日用望远镜俯瞰我军阵地纵深，对我方安全带来很大威胁，战士们早想拔掉这颗毒牙了。

"怎么样？"师长眼睛闪光，"敢不敢碰这个硬钉子？"

"敢！"战士们挽袖子，捋胳膊，嗷嗷叫。

"也不能轻敌呦！"师长当头浇下一瓢冷水，"391高地山势险峻，形若屋脊，全长1200余米，前面是一片开阔地带，易守难攻，是敌人在这一线的战术支撑点，他们会拼死固守，企图以此为支撑点控制整个平康地区。这颗毒牙硬得很！不久前友邻部队去拔过，因敌人火力太强部队伤亡很大……

这次，就看九连的了。沙盘上的路看起来总是平坦些，希望你们抓紧时间进行抵近侦察，先做些准备，过几天，我再来开个'诸葛亮会'。"

……

几天后，师、团首长亲自登门开战前讨论会。首长们在坑道里刚坐定，二话没说，就叫大家摆困难。

"摆困难？"大家心里都嘀咕，这叫什么"诸葛亮会"呀？沉静了一会儿，突然又都哈哈大笑起来："首长真能逗！没听说有摆困难的'诸葛亮会'。革命战士，不讲困难。"

"对！没啥困难可讲。上级决定了，我们坚决干，再硬的骨头也要敲碎！"

"不对！"首长打断大家的话，脸色严肃，"我们的决心是哪来的？一个人想出来的？……不对呀！同志们，我们的作战决心、我们所规定的战场行动都是从基层指战员那里来的，都是从分析战场有利条件与不利条件中得来的。我们打仗不是靠蒙士兵，不像国民党军队隐瞒困难哄骗战士冲锋。在我军，士兵也是战争的主人，不但要让他们了解战争的形势、有利条件，也要把战斗的困难、不利条件原原本本告诉大家，让每个人都动脑筋想办法。摆困难，是解决问题的第一步。困难估计得越充分，作战计划制订得越周密，胜利的把握就越大。摆吧！你们已进行了几天实地侦察了，不会没话说。"

首长掏出小本本，用恳切的目光看着大家，等待大家发言。

邱少云的心发烫，一股暖流从心里扩散开，全身都升起一种冲动。作为一名老兵，"诸葛亮会"他已参加过好几次了，每次他都有一种神圣的使命感，心中充满着无比的自豪：不错，战士是革命战争的主人，他们执行纪律，也参加制定纪律；他们服从命令，也了解命令产生的原委。在人民军队里，士兵享受着崇高的权利……他向前倾了倾身子。

"怎么？有话要说？先摆一摆。"首长的眼睛盯住了他。

"好！"邱少云没推辞，破例在众人面前第一个发言，"要问有啥子困难？我先摆一条。要拿下

391，最大的障碍是那片开阔地。"

"对头！"有人赞同。有的不以为然，"那有啥子了不起？冲过去！"

"不行！开阔地有3000多米。"邱少云指了指沙盘，"要冲过它，不仅体力难以支持，更严重的是会遭到三面敌人火力的夹击。这两天，山上加紧了防备，架起十几道铁丝网，布了地雷区，设置了明暗火力点，还搞了能四面独立作战的子母堡和上下两层的核心堡。"

首长一面听，一面在沙盘上加了一些标记。战友们都惊奇，几天的工夫他竟把敌人的防务情况摸得这样细。

"那就夜间发起攻击。"有人想出这个点子，但立即遭到了反驳："不行！敌人有照明弹，冲击距离又这么长，夜间也很难通过。"

坑道里又沉寂了。不知谁叹了口气："要是那片开阔地缩短一点就好了。"没人理会他，因为开阔地是客观存在，怎么可能缩短呢。不料这话却引起师长的莫大兴趣："他说得对！关键就在怎样缩短这片开阔地的距离。"

"藏起来。"这是连长程子英的话，他以一名老侦察参谋的头脑思索着。这话一出口，倒把大家惹得炸开了锅。

师、团首长坐在木桌边，一直静听着大家的意见。这办法他们何尝没考虑过？以大部队潜伏的手段对付在地形、火力诸方面优越于我之敌，这在我军作战史上还无先例，稍有不慎就会遭到不可想象的伤亡……

师长把自来水笔紧紧捏在手里，想了想，把自己的顾虑全盘端给大家："敌人是惊弓之鸟，害怕失去这个战术支撑点，每日惶惶不安。开阔地上飞起一只鸟他们也要调动机枪、火炮扫射轰击半天。而要保持进攻的突然性，我们必须在前一夜把几百人的部队一声不响地潜伏在敌人眼皮下，等待第二天黄昏后对敌发起攻击。万一攻击失利，还可趁黑夜撤回阵地，减少伤亡。这就是说，部队要在敌人眼皮底下待上整整一天一夜。"

他把"一天一夜"4个字咬得特别响，显然是想提醒战士们注意这次行动的危险性。

"没问题！"李士虎站起身，"咱们趴在草丛里，睡他一天一夜。"

"不行！"邱少云把他按回到原位，"你睡觉又踢腿又咬牙，打起呼噜震天响。"

"哎呀，这一天一夜是不能打瞌睡！"李士虎感到问题严重了。

师长说："是啊，问题并不简单哩。一天一夜不睡觉熬不熬得住？吃饭怎么办？喝水、咳嗽、解大小便、通信联络，还有伪装、包扎救护、紧急情况的处置……"

"蛇！还有蛇！"小黄尖声补充道。他觉得这个问题最重要。

他一喊，正聚精会神想问题的战士们个个浑身起了鸡皮疙瘩。是啊，那块开阔地上有花蛇，还有叫不出名字的小虫子，潜伏时万一爬到身上来怎么办？

"这些问题摆得好！"师长热情地赞扬小黄，又对大家说，"这么多困难摆在面前，藏起来的办法是不是有把握？"

大家沉默下来，有人对潜伏作战产生了怀疑。邱少云心里一急，站了起来：

"'藏'的办法要得。虽说拔'毒牙'是敌人意料之中的事，可用'藏'的办法拔'毒牙'却在敌人意料之外。他们做梦也不会想到我们敢用这一着儿。只要几百个战士一条心，咬咬牙，啥样困难挺不过去？前天我和排长摸情况时遇到意外，拂晓前没赶回来，硬是在草丛里待了一天。"

"你们是怎么藏的？"首长们都转过脸，感兴趣地问。

"我们没带炒面，没带水，没吃没喝，咬牙扛到天黑。"

"困了咋办的？"连长问。

"捶脑壳，咬手。"邱少云回答。

"咳嗽呢？"

"用衣服包住头。"

"一两个人可以，大部队呢？要拿下严密设防的高地，至少得用一两个加强连兵力。"

"一两个人能成，大部队为啥子不成？"邱少云说，"拿下391是为了胜利，为了胜利啥子困难克服不了？大家想胜利都想得心焦了。"

同志们权衡着利弊，又重新肯定了"藏"的

打法："藏，有十几条困难。可是不藏硬打，困难更多，伤亡更大。拿不下391，对阵地安全威胁更大。"

同志们用眼睛征询首长的意见。首长很满意，站起身："好！你们提的办法可以考虑。以后这样的会，还要召开多次。"

首长走了，"诸葛亮会"结束了。就在这次摆困难、摆问题的"诸葛亮会"后，我军作战史上一个模范战例开始酝酿了。

临战的日子

不久，军党委和志愿军司令部批准了师拟订的潜伏作战方案，决定以出奇制胜的手段，坚决拿下391高地。

与此同时，紧张的战前准备也在进行。诸兵种都在行动，炮兵、工兵、坦克、后勤和通信兵都在秘密地、紧张地准备。

九连的战士们在坑道附近的小树林里刻苦练习战术动作，奔跑、匍匐、跃进、滚动、冲杀、潜伏……沉寂的山林一片喧腾。他们每个人心里只有一个想法：现在多出汗，战时就少流血，胜利就多一分把握。

　　连、排、班的作战计划也在积极制订中。为使计划、设想搞得周密可行，全连每个同志都到391高地前进行了抵近侦察。敌人设置的12道铁丝网，被他们剪开了8道（为防敌人发现，剪开了又挂上），还卸掉了挂在铁丝网上的照明雷，起掉了部分通道上的地雷……高地上的每条小路、每条水沟、每个明暗火力点、每棵树、每块石头，都被战士们牢牢记在了心里。沙盘上的物件，被战士们校正得越来越准确，那颗"毒牙"的全貌也向上级作战部门提供得越来越清晰。

　　上级提出的各项战术要求战士们很快就达标了。

　　为对九连的战前准备进行最后的检查、验收，师、团首长决定在临战前夕进行一次近似实战的演习。

演习被选在一个晴朗的日子里，地点安排在与 391 高地地形相似的山坡上。演习开始时，披挂各种伪装的战士们已神不知鬼不觉地潜伏在山坡的茅草丛中。

天空是那样晴朗，站在山顶上不用望远镜也能把方圆数百米内的景物尽收眼底。山坡上静悄悄的，没一点动静，秋风轻轻吹过，高高的蒿草随风摆动，单凭肉眼无论如何也不能把野草和战士身披的伪装网区分开。首长出了几次情况，坡上都没一点动静。

"好啊！伪装得很巧妙。"师长兴奋地放下望远镜，对身旁的程子英说，"凭我这老侦察员的眼睛，也看不出一点破绽，潜伏这一关验收过了，下面看看冲击部分。"

"司号员，吹号！"连长发出命令。激越的号声腾空响起，顿时，草丛中一个班的战士掀掉伪装网，手抱炸药包、爆破筒、手雷，向山坡猛扑过去。这是九连引以为豪的爆破班——三班，每次攻坚战中，都是他们为大部队打通前进的道路。

"那是谁？"首长指着匍匐在最前头、动作敏捷的战士问。

"副班长李士虎。"连长答，"成都战役中入伍的。"

说话间，只见李士虎已接近"敌"碉堡，侧身向射击孔贴过去，一举手将两只手雷甩了进去。只听"轰隆"一声，碉堡爆炸，四周腾起一片烟雾。再看他，不知啥时候已撤回到安全的地方。

"好！"首长高兴地称赞道。

接着，邱少云也向另一个地堡匍匐过去。他的动作利索、敏捷，只用6分钟就快速通过了碉堡前的一片开阔地。

邱少云接近地堡后迅速拉开了导火索，用力将"哧哧"冒烟的炸药包推进去，然后猛一转身，滚向地堡左侧洼处隐蔽地。谁料，第一个滚翻没做完，身体猛一抖，动作耽搁了几秒钟，幸好反应快又连续两个滚翻，才把规定时间抢了回来。

"怎么搞的？！"连长大声问。他没想到一贯训练认真的邱少云今天动作这么糟糕，他皱起眉头。

"不错呀！只用了8分钟，合格。下面几个同志也是爆破班的吗？"师长问。

"是的。"程子英回答。他的精力已不集中，两眼看着站在一旁的邱少云。连长就是这么一个人：平时可以和战士说说笑笑、打打闹闹，可一上训练场就严肃得变成了另一个人，操场就是阵地，他不允许任何人马虎、拖沓。

邱少云内疚地站着，一声没吭，一头大汗。

"这样的速度，能给全连打开通道吗？非把自己先炸死不可！"连长走过来批评道，他今天火气特别盛。

"报告！"卫生员在连长身后喊了一声，倒像是自己受了委屈。

"有什么话，说！"连长看了看他。

卫生员上前一步："报告连长，邱少云大腿上长了个疖肿，都有拳头大了。"

这话叫在旁的同志都吃了一惊：他们整天和邱少云一起训练，一起侦察敌情，一点儿没发现他有异常反应。

连长走过去，在邱少云身边蹲下来，啥话没说，伸手就去捋邱少云的裤腿。邱少云一把抓住裤角，死活不让连长看。

僵持了一会儿，还是连长劲儿大，捋起邱少云裤腿一看，心里一阵发紧：邱少云右小腿部果然突起一个拳头大的毒疖子，手一摸，还发烫。

"我这个人哪……"连长叹了一口气，轻轻替他放下了裤腿。

"连长，你说得对！"邱少云说，"你对我严格要求，正是对我生命的爱护，敌人不会因为我腿上长了疖子就不打我。"

连长一把抓住他的手，喜悦、内疚、歉意……一起涌上心头。突然，他感到邱少云的双手粗糙得扎人，举起来一看，他的手上除了老茧外，还掉了一块块皮。

"你的手怎么了？"连长问。

"是扎训练器材磨的。"李士虎在一旁说，"这些日子，他一个中午觉也没睡，天天往平康车站跑，锯废钢管，卸瞎火弹，解决了不少训练器材。"

"不是，"小黄站出来反驳，"是麻绳子勒的。他怕潜伏时小虫子钻进同志们的裤腿里，搓麻绳给大家扎裤腿。"

"你呀！"连长看看邱少云，绷起面孔，"我刚才的话是有点武断，不过现在看来还是不能撤销，从现在起，你不要参加战术训练了。"

"报告！"邱少云站了出来，"离反击391的日子只剩20天了，不训练咋行？"

"如果反击那天你的腿仍不好，就留在后边和老孔班长搞战地救护。"

"不行！"邱少云硬邦邦地跨前一步，要和连长理论。连长向他摆摆手，没让他说下去："不要说了，执行吧！"

邱少云被关在坑道里，坐立不宁。忽然，门开了，卫生员背着药包走进来。

"换药吧！"卫生员说。

邱少云转过身来，撩起裤腿。他见卫生员正从药包里取出几粒消炎药丸，就一把拉住他的手："能不能想点别的办法，让它快点好？"

"不能。"卫生员摇摇头。

"那就把这鬼东西给我割掉。"邱少云对他说。

"不行。"卫生员没抬脸，"现在不能割。"

"为啥子？"

"它没长熟。"

"长熟？"邱少云看了看卫生员，"别唬我了，又不是黄谷、胡豆，啥熟不熟？剜块烂肉……"

"这是科学。"卫生员提高了嗓门，"这么大的疖肿，没长熟就是不能割，割起来痛得受不住。"

"我不怕痛。"邱少云向他身边靠了靠，"真的，啥样痛我都忍得住。那年我逃丁，被国民党抓住死命打，我也没吭一声。好啰！不谈这些，来！动手割吧！我闭上眼睛。"

"不行。"卫生员没动手。

"那好吧，我自己来。"说着，就把药包拿过去，动手在里面翻找。

"找啥呢？"卫生员问。

"找刀子。"

"没有。"卫生员告诉他，"连卫生员不配手术刀，麻药也没有。"

"剪子也能剜。"邱少云说。

"剪子也没有。"卫生员是决心不做这个手术。

"没有？……我这儿有。"邱少云从自己睡的铺草下边取出一把做针线活的旧剪刀，递给卫生员。卫生员不肯接。

"好，我自己干。剜块烂肉有啥子难？"他捋起裤腿，举起剪刀就向肿块上戳。

"咳！不行！"卫生员见他真要干，一把拽住他，"剪子没消毒，会感染的。"

"这不行，那不行，啥子才行？莫非你高兴看我又漏过一次战斗机会？"邱少云两道眉毛拧起来。

卫生员拗不过他，慢慢打开药包取出一把小剪刀，用棉球消了毒……手术就这样开始了。

整个过程中，邱少云忍受着极大的痛苦。手术结束后，卫生员一边替邱少云包伤口，一边吸溜吸溜地哭了起来。邱少云说："哭啥子？会做手术啰，硬是不简单！回祖国到成都市后能进大医院。"

几天后的中午，连长去团部汇报战前的准备工作，返回时经过山坡的小树林，他发现树林里有个人影在晃动。那人身挂一个炸药包、一串手雷、一个爆破筒，看样子是在练习爆破。只见他一会儿匍匐，一会儿跳跃，一会儿又翻滚，动作敏捷，身上携带的装具没发出一点声响。

"午睡时间，是谁偷跑出来练习战斗动作？"

他感觉奇怪。这两天，他反复向自己的连队强调：临战前夕，要注意保持体力，并把睡午觉当作一条纪律在全连宣布。今天是谁这么大胆？他站在一棵红松后观察。

"邱少云！"他发现那个瘦小的身影，吃了一惊。这个战士，腿上有疖肿已被自己关了起来，谁知几天工夫，他未参加战前训练却能做出如此娴熟的战术动作。他不但未发火，反而掐着手表，替邱少云计算起通过规定距离的时间。

"6分钟！"他看着手表，兴奋地叫起来。

邱少云听见身后的声音，连忙爬起身来，"连长！"尴尬地一笑，"我的动作合格不？"

程子英收住笑容："谁批准你参加训练了？你腿上的疖子好了吗？"

"全好了。不信，你看。"邱少云为证实自己的话，在连长面前跳了两下。

"你这个人，善于隐瞒情况。这次，别想瞒过我。"连长弯下腰，揭开邱少云的裤腿看，那个肿块真的不见了。他心里犯疑，"肿块是消了，可伤口还需要恢复。你不要参加这次潜伏作战了。"

邱少云一步堵在连长面前："让我参加吧。入朝后，我没打过像样的仗。上次罗家山战斗，我进了集训队，说是保留骨干，这次反击391的战斗，又让我当旁观？"

程子英拍拍他的肩膀，看了看他。他没理由拒绝他："好，我批准你参加这次潜伏作战，但必须严格遵守纪律。"

"是！请连长放心，我保证完成任务。"邱少云的脸上立刻露出灿烂的笑容。

出征誓言

1952年10月11日，反击391高地的日子到来了。

这天上午，祖国人民赶在勇士们出发前把慰问品送上阵地。每个战士都得到了一只慰问袋，里面装着一封慰问信、一枚抗美援朝纪念章，还有茶缸、毛巾、钢笔、止咳糖等。

"止咳糖！"小黄抓着糖卷尖叫起来，"同志们，你们看！咱们要打391的事，祖国人民都知道了，特意送来了止咳糖。"

"万岁！""祖国万岁！""胜利万岁！"欢呼声在阵地上响起来。

"同志们，祖国人民惦记着我们，我们用什么回报他们呢？"连长问。

"拿下391，消灭侵略者！"战士们齐声回答。

黄昏时分，战士们整齐地列队站在山坡上，等待首长最后一次检阅。

战士们都清楚，他们即将奔赴的是怎样的战场——潜伏区三面受敌包围，一面远离我方阵地，一旦有人暴露目标，几百人将前进不得、后退无路，很可能全军覆没……然而，他们没有一个人惊慌胆怯，都表现得自豪和光荣。他们心里明白，只有具有严格的纪律性和敢于牺牲奉献精神的人民的军队，才敢采用这个大胆的作战方案；只有这样的战士，才能创造战争史上的奇迹。

连长今天特意换了一身新军装，这是他过节时才肯拿出来穿的。他从衣兜里掏出最心爱也是仅有的财产——一个硬皮笔记本、一支金星钢笔、一个旱烟斗，交给留守阵地的老孔班长。战士们明白，他已做好牺牲的思想准备。

他神情庄重，大步走到队列前，没有讲话，只是挨个打量着自己的战士。他用手拍拍这个的肩膀，捶捶那个的胸膛，这既像是无声的鼓励，又像是庄严的告别——作为人民军队的指挥员，他深信正义战争必定会胜利，然而他也十分清楚，战争是残酷的，特别是这次潜伏作战，情况异常复杂，许多条件又不利于我。此时，战士们表现得越镇静、越坚强，他越感到战士们是那样的可亲、可爱。他一个个地仔细端详着，为这个扶正军帽，为那个拉平衣角，他要把战士们的模样牢牢印刻在心中。

战士们也纷纷把自己心爱的东西交给老孔班长，他们早已安排好了哪些东西留给母亲，哪些东西留给兄弟和同志。几乎所有的党团员都把自己积攒的津贴作为党团费交给了组织。一种"慷慨赴国难，视死忽如归"的高尚情怀！

师、团首长在营长的陪同下匆匆来到队前，师长大声询问战士们："同志们！都准备好了吗？"

"准备好了!"指战员们齐声回答,声音响彻山谷。

首长在队前巡视着,挨个打量战士们的装束,检查部队准备情况。师长发现邱少云胳膊下夹了一个大型炸药包,便走了过去。

"这个炸药包有多少公斤?"

"报告首长! 16公斤,自己扎的。"邱少云跨前一步报告道。

"爆炸一个双层地堡有没有问题?"

"没问题! 炸一个子母堡也能行!"

"好! 好同志! 发起总攻时就靠你们给大部队打开通道了。"师长兴冲冲地拍着邱少云的肩膀夸赞道。随即转过身大步走到队列前。

"同志们!"他高喊一声,"你们是来自有着光荣传统的连队,历史上没打过孬仗、败仗。我相信,这次潜伏作战你们也一定能克服困难,赢得胜利,为你们的连队再添锦旗!"

所有的人都把目光转向队前猎猎飘舞的锦旗,虽有的弹洞累累,但在夕阳下显得格外庄严和神圣。这是烈士们用鲜血和生命换来的,它是英雄九连的光荣!

师长的脸色变得严肃起来，他用眼睛扫视全场：

"同志们，你们是伟大祖国的优秀儿子，你们将为祖国担负一项艰巨的任务。情况异常严峻：你们的突破口选在敌人的侧后，你们要在敌人的眼皮底下潜伏一天一夜，明天下午 5 点 30 分发起进攻。在这样长的时间里，你们要以高度的觉悟战胜难以想象的困难。假如有一个人不慎暴露目标，那么全体人员就将遭受巨大伤亡，不仅整个作战计划会失败，连跟随你们一起潜伏的迫击炮排、重机枪连、高射机枪连都会遭到威胁，这关系到几百人的生命啊！为此，我不得不再一次重申潜伏纪律：为了确保战斗胜利，在发起冲锋之前，任何人未得到命令，不许开枪，不许发出声响，不许大声咳嗽，不许有大动作……"

纪律是严肃的，山一般不可撼动！然而这纪律又是熟悉的、亲切的，每一条都是战士们在民主会上讨论制定的。这些纪律规定出于战士之口，也出于战士之心。为了祖国，他们宁愿以生命为代价严格遵守。

师长继续说道："同志们，战前你们做了大量准备工作，吃了不少苦头，摸索了不少潜伏作战的经验，使战斗有了一定把握。但是实战中，情况千变万化，各种意想不到的情况随时都有可能出现，这就要求我们的干部战士在思想上要做好充分的准备，不论什么情况发生，都必须严守军事上的信条：坚决地牺牲个体，保证整体的胜利。"

邱少云静静地听着，把师长的话字字句句刻在心底。

……

连长整理了一下军衣，跨前一步，举起右手："请首长放心！我们一定要拿下 391 高地！"

小黄端着枪，也跨前一步："请祖国考验我吧！我坚决遵守潜伏纪律，粉身碎骨也不动摇。"

战士们一个个站出来表决心。

邱少云心头一热，也向前跨出一步："也对我放心吧！就是子弹打中了我，我也不动。"

"说完了？"三班长问。

"完了。"邱少云回答。

指导员王明思没有嫌邱少云的誓言短。他知道，每一位战士表达感情的方式各不相同，这是由他们各自不同的生活经历决定的。王明思信任地看了一眼邱少云，向他点了点头，示意他站回到队列中去。

这时邱少云解开棉衣，从贴身的衣袋里掏出一张折好的纸，递给指导员。指导员展开一看，这是邱少云写的入党申请书，话语虽简短，却字字滚烫。

王明思的心忽地热了起来，他十分了解这位战士。少云参加革命队伍3年多的时间，从内江剿匪，到入朝参战，从艰苦的第五次战役，到今天的全线反击，他一直都在努力地向着心中的目标靠近……王明思记得，在四川内江的沱江边，他也曾问过邱少云："为啥不积极靠拢党组织？"邱少云回答说："我还不够格。"而今，就在即将奔赴残酷战场的关键时刻，他向党组织表达了最纯洁、最真实的心声！他对邱少云说："好同志，大家信任你，党组织也一直在关注着你。"

邱少云宽心地笑了。

"也请党考验我吧！"其他同志也都纷纷站出来宣誓。

"请党考验我吧！"

"也考验我……"

……

望着这些忠诚的战士，师、团首长被感动了。师长大步跨上山坡，高声说：

"勇士们！我用军人最崇高的荣誉称呼你们，你们是最光荣的人。全体指挥员、战斗员们，光荣的时刻到了，为祖国、为朝鲜人民的和平和幸福而战斗！——出发！"师长发出命令。

一支几百人的队伍在夜幕中静悄悄地向敌人固守的391高地潜去。

在敌人眼皮下潜伏

夜，万籁俱寂。除了敌人的值班机枪定时射击外，周围死一般的寂静。一阵阵夜风吹来，枯黄的蒿草发出沙沙沙的响声。战士们在夜幕中轻手轻脚地鱼贯进入各自的潜伏地，细心地伪装好自己，开始静静地等待。

邱少云所在的第一排爆破班埋伏在整个潜伏区的最前面，位于敌人第6道铁丝网内，距敌工事只有60多米远。透过草的缝隙，清晰可见391高地黝黑的山体。环山野草齐胸，明暗碉堡密布，敌人的流动哨像幽灵一样移动着，脚下的皮鞋发出"咔""咔""咔"的响声。

邱少云和战友们趴伏在地面，警惕地注视着四周的一切，连呼吸都尽量控制得轻微些。每个人心里都明白：在敌人的眼皮底下潜伏，如果谁不慎发出一点响声，山脊上的地堡里就会立即喷出恶毒的火舌。寂静，对于潜伏作战是多么重要，然而又是那么令人焦急和难以忍耐。

夜深了，开阔地上刮起一阵阵冷风。稀稀落落的星星打着寒战，岩石上落了一层寒霜。夜风裹着寒气向战士们袭来，身上都暴起了鸡皮疙瘩。气温已降到零摄氏度以下，在这样的月夜，只有潜伏在荒草中的人才能感到朝鲜深秋的寒冷。同志们都把头低下，让簌簌发抖的身子紧贴着地面。

这时，配合部队作战的炮排、机枪连也开始向开阔地潜伏而来。掌握全班情况的李士虎扭头检查了一遍全班同志的爆破器具，看见器具隐蔽得很好，十分安全；再看看潜伏的战士，同志们也都安静地趴伏在草丛里，没有一点动静。他放心地舒了一口气。当他把目光收回时，发现距离自己不远的邱少云手抓一把泥土，放在鼻子下闻着。

他是想家了。李士虎心里这么想。他与邱少云朝夕相处 3 年多，互相十分了解，即使不用语言也能从一个举动、一个表情猜出对方的心思。两年前，当四川解放后夺得第一次大丰收时，他看见邱少云就是这样深情地抓着一把土，放在鼻下闻着；当听到家乡土改的消息时，他看见邱少云也是这样含泪抓着一把土。从小起就跟爹妈在田里做活的邱少云，在泥土里摸爬滚打，流血流汗，到头来一家人不但吃不饱饭，还弄得家破人亡。今天，苦难再也不会重返，农民成了土地的主人。此刻，他一定在想象亲人怎样在自己的田地里劳作，金黄的稻谷堆上了谷场。

天空渐渐发白，星星不知啥时藏了起来，山地间拉起一层乳白色的浓雾。浓雾在高地四周缭绕、浮动——又一个黎明即将来到朝鲜的大地上。

东方地平线开始放射出丝丝红光，随着光亮的增强，浓雾很快淡去，山川大地露出清晰的面容。刚才淹没在浓雾中的391高地也显露出了清晰的轮廓：山上坚石矗立，坡上密布层层铁丝网、碉堡群；黑洞洞的枪口伸出地堡孔，直指山下。射孔里，不时出现向山下窥望的面孔。然而，狡猾的敌人是万万想不到，就在地堡群下，秘密隐藏着几百名中国人民志愿军战士，覆灭的命运正在等待着他们。

在湿漉漉的草丛中一动不动地趴了半夜的战士们，个个都感到身子又困又乏，多想站起来伸伸腰、活动活动筋骨啊！可是动不得！动一动，居高临下的敌人就会立即发现，白天潜伏对于部队来说更具危险性。

邱少云用心检查了一下自己战斗小组的情况，一名战士调皮地向他挤挤眼，指指隐蔽在土坎后的武器，示意说：你看那家伙，有多威风！要个了多久，就要叫强盗尝到厉害了！

邱少云向他点点头。这时，他想起太阳一出来，草丛中的蚂蚁、蛐蜒、花蛇都会活跃起来，又转头看看小黄。小黄知道邱少云在担心啥，从草丛中扒出一个毛毛虫放到脖子上，表示他一点不怕痒。

邱少云笑了，两个小鬼也跟着笑了，就像坐在"阵地之家"里谈心。无声的表情，传递着战友间的关怀和鼓励。

好不容易盼到太阳懒洋洋地爬到头顶。忽然，意外的事情发生了。南朝鲜几个伪军钻出地堡，朝邱少云他们小组的位置走来。

阵地上的空气陡然紧张起来，风停息了，天地间的一切都凝固了。糟糕！莫非是谁暴露了目标？每个人的心都猛地缩紧着，本能地握紧手里的枪。

邱少云从草缝里向四周看了看，发现四周一片寂静，没出现异常情况。微风吹过开阔地，同志们的伪装草和山上的茅草一起抖动，凭着他细心的眼睛也看不出一点破绽。这时他明白了，原来是据守高地的敌人睡醒了觉，打发几个伪军下山打洗脸水。

"咔嚓""咔嚓""咔嚓"，敌人的皮靴声就像从头顶上踩过，25米，15米，10米……战士们都紧张地贴在地面，屏住呼吸。

还好，敌人朝小河沟走去了。邱少云战斗小组里的两个战士才轻轻抬起头来，深深呼出一口气。由于紧张，头上渗出一层汗珠子。邱少云迅速向两个战士递个眼色，提示他们：千万不可大意。

那边，几个伪军摇摇晃晃走到小河边放下水桶，起劲地伸起懒腰来，看样子他们在阴冷的地堡里蹲得太久，难得享受这样暖和的阳光。几个家伙伸够了懒腰，又慢慢腾腾地蹲在河边洗脸，一面往脸上撩水一面争夺一块香皂。

伪军中一个领头的大个子没洗脸，坐在河边的石头上。这家伙慢慢点起一支烟，一边抽一边向四下里张望。埋伏在草丛中的战士又骤然紧张起来。万一他的眼睛看到什么……还好，这家伙什么也没发现。当他把最后一口烟吞下肚子时，甩掉烟屁股，命令其他伪军提着水桶往回返了。

皮靴声又在草丛中响起，"咔嚓""咔嚓""咔嚓"……空气紧张得快要爆炸。此时，敌人由下而上往回返，坡上的情况容易看得一清二楚。战士们抑制住剧烈的心跳，一动也不敢动。正在这时，一个伪兵一脚踩在一名潜伏战士的身上，他被这异常情况吓得大吃一惊，连忙后退两步，撒腿就往山头跑去。一面奔跑一面朝草丛中"砰""砰"放了两枪。

不好！被敌人发现了！逃敌一旦上山，敌人所有的枪炮就会一齐向这边射来，几个月的作战准备就会前功尽弃，庞大的潜伏部队将葬身在荒野之中……逃敌离工事越来越近，40米，35米，30米……邱少云紧张地看了看趴伏在不远处的班长，班长的额头上渗出了豆大的汗珠子。

突然，山坡上响起"轰""轰"的爆炸声。志愿军的大炮响了。呼啸的炮弹一颗颗射来，在山坡上筑起一道火墙。逃敌的道路被切断了，几个伪军被炸死在山坡上。

邱少云和战友们相视而笑，真切地感受到在几百名潜伏战士的身后有着强大的力量！潜伏作战一定能取得胜利。

敌人似乎从眼前的情况中觉察到了什么。半小时之后，敌机怪叫着向开阔地扑来，山上密集的炮弹、子弹也向开阔地疯狂扫射而来。泥土、弹片、石片暴雨似的落在潜伏战士们的头上、身上，爆炸的气浪一股股地冲来。

"千万不能动！一定要严守潜伏纪律！"战士们用目光互相提醒着，任凭子弹在头顶上穿梭，任凭弹片、泥土抽打着身体，几百名战士没一个人动弹一下，开阔地上依然如无人之境。

邱少云从心底里佩服我们的战士真了不起！敌人虽在火力的数量上、质量上占压倒优势，然而在这优势之外，有一种更大的优势他们并不占有——这就是志愿军战士的高度觉悟和牺牲精神。侵略者至今还不明白中朝人民为什么不可战胜，为什么能在极其艰难的条件下，凭着落后的装备迅速扭转战局。难道他们向这块土地投掷的炸药、钢铁还少吗？难道他们调来的军队不够多吗？不是！问题是：优质的钢铁摧不毁中朝人民保卫和平的信念；成百万吨的炸弹，炸不垮中朝两国军队为正义而战的决心。

此刻，邱少云多想移到战友们身边和他们说点什么，但他知道，沉着、镇定、绝对保持肃静，这是潜伏中必须遵守的纪律，在任何情况下也不能违背。于是，他抑制住内心的激动，静静地趴伏在荒草地上，用眼睛向战友们表示着敬意。

烈火铸英魂

轰！轰！

突然，几声闷雷般的怪音在开阔地上炸响。刹那间，杂草丛中腾起几团火焰，浓黑的烟柱，裹着断碎的草秸快速升上天空。"畜生！"正用望远镜注视着潜伏区动静的军、师、团、营各级首长，几乎是在同时从各自的指挥所里发出狠狠的骂声——灭绝人性的侵略者，终于使出最毒辣的一手——他们发射了燃烧弹。

各级指挥所里，都安静极了。没人说话，甚

至没人愿向对方的脸上多望一眼。战前，他们估计到了一切可能出现的情况，可万万没有料到敌人会用这一手。每个人都十分清楚，燃烧弹会给整个作战计划带来严重威胁：枯干的茅草一旦燃烧起来，就会引着战士们身上的伪装网，就会暴露潜伏目标，烈火就会无情地……诚然，作为指挥员，他们中间没人怀疑战士的觉悟，然而他们又不能不做最坏的思想准备——毕竟火不是其他东西，它给人带来的灾难是难以想象的。这火，很可能使整个作战方案失败，甚至有可能使整个潜伏部队覆灭。

轰！轰！轰！

又是几颗燃烧弹打过来。顿时，茅草覆盖的开阔地上又腾起几团烟柱，噼噼啪啪的火星点燃茅草开始向四周蔓延。

其中，一颗罪恶的燃烧弹就落在邱少云的潜伏点附近。

营指挥所的电话铃声急促地响起，电话中传出九连连长程子英不可遏制的愤怒："营长！我请求白天发起攻击！"

"请冷静一下，程子英同志！"营长强压住心中的愤怒，严肃地在电话里命令道，"请相信我们的战士！"

此时，只有这句话能够给人以宽慰，能稍稍平息一下冲腾在指挥员们胸膛中的愤怒。连长放下了电话听筒，营长放下了电话听筒，各级指挥所里又恢复了寂静。

几十双眼睛一刻不离望远镜。

烈火，在开阔地上不断燃烧着，浓烟笼罩着整个潜伏区，熏得战士们两眼直淌泪。为了防止烟熏咳嗽，战士们都把脸埋进事先挖好的小土坑里。

那颗落在邱少云附近的燃烧弹，点燃了草丛，枯草开始一寸一寸地燃烧起来，不一会儿火势迅速蔓延，燃烧到他身边……燃着了他左腿上的棉夹裤……

"哇！——哇！"

侧后方响起急促的蛙叫声。这是李士虎在呼叫。

"咕！——咕！"

左右两旁也传来急切的斑鸠叫声。

同志们的呼唤那么急切，以至于声音都变了

调。这呼唤，邱少云何尝没有听到？当火势刚刚接近他的左腿上时，这种呼唤就开始了——声声呼唤，是战友投来的阵阵关怀。但他没有回头，他知道这个时候同志们都替自己着急，不能再增加他们的焦虑了，于是用暗号回答战友：一切正常，情况良好。

回答完，他把目光转向391高地。高地依然十分平静，没出现任何异常情况。齐腰深的茅草在山坡上摇晃着，地堡里的机枪还像早晨那样盲目地对着开阔地射击，敌机已悲鸣着远去，只留下几股浓烈的烟柱在开阔地上继续升腾。看样子，敌人排除了猜疑，邱少云宽慰地松了一口气。他看看太阳，估计现在的时间是上午10点多，假如烈火缓慢蔓延，他有十足的信心支撑到下午5点半。他吸足了一口气，做好同烈火搏斗的准备。

猛然，他感到左腿一抖，疼痛像针一样刺进皮肉，他意识到火已烧到了小腿。

转眼间，小腿的皮肉开始"咻咻"作响，一股难闻的焦灼味儿从后面卷上来，身体被疼痛击得猛地一颤。"不能动！"他警告自己，极力压制左腿不让它继续颤抖。但他失败了。疼痛，已引起小腿痉挛，怎么也无法抑制住，他只好用脚尖死死蹬住地面，把身子紧紧贴住地皮。疼痛的煎熬，使他脸色变得灰白。

此时，摆在他面前的并不只是忍受烈火燃烧这一条路，火焰才刚刚爬到他的小腿上时，打几个滚翻，火就很容易扑灭；他身后还有一条小水沟，退几步滚进去也会把火熄灭。可这两条路他都不能选择——他必须坚定地遵守上级规定的潜伏纪律，师长的话仿佛还回响在耳边：假如有一个人不慎暴露目标，那么全体人员就将遭受巨大伤亡……他不能忽视身边还有几百名战友，他不能忘记拿下391高地消灭美帝国主义的神圣使命，他更不能忘记自己刚为此而立下的誓言……他心里明白，为了迎接即将到来的胜利，忍受这点痛苦甚至牺牲个体生命也是值得的！

现在离傍晚发起总攻还有7个多小时！他强忍疼痛，抬起头看太阳。啊！时间似乎一点没有前进，太阳还那么大，结实地挂在刚才的位置上一动没动——自己与疼痛进行的搏斗，其实才只过了几分钟。他的头重重地沉了下去。难忍的疼痛，使他本能地将双手深深插进了泥土之中。

太阳被钉在了空中！时间停在身旁！唯独熊熊的烈火继续蔓延，无情地在他周身燃烧着！

火舌已爬上邱少云的脊背！他的脊背在烈火中哧哧作响。

火舌已爬上了邱少云的双肩！他的双肩腾起滚滚浓烟。

火舌已烧着了他的头发、眉毛！

火舌已把这位年轻战士团团围住！

战友们的心被撕碎了。他们扭过脸去，极力不向那边看。但他们谁也控制不住，不能不向那个方向看去——那位正被烈火烧烤的人，是他们最亲近的战友！他曾与他们患难与共、生死相依。他曾用瘦弱的身体给过大家兄弟般的温暖，他曾用深沉的目光给过他们战胜困难的勇气。假如现在能替他解除痛苦，他们中的每个人都会毫不犹豫地去代替他承受一切。可是不行！潜伏纪律不允许，更多战友的安全不允许，他们只能眼睁睁看着他受折磨，而他们却在忍受更难忍受的心灵疼痛！

小黄的脸，紧紧贴着地皮，皮肉已被蹭破，泪水顺着渗血的脸颊流下。入伍以来，他一刻也没离开过邱少云，战术技术是他教的，就连裤子、袜子也是他补的。白天，他俩一起搜山、巡逻；晚上，又常常挤进一个被窝，他不止一次地敞开心扉向邱少云讲述自己6岁就给地主放牛，讲母亲挨饿供他念书，说家乡解放的事……多么愉快的日子，筑坑道，练兵，侦察，抓舌头……回忆，此刻只能给人带来更大的痛苦。他不能再想下去，于是用力终止了回忆，把流血的脸颊紧紧地贴向地皮……

　　李士虎听着身边噼啪爆响的声音，觉得像有一把锉刀在锉磨自己的神经。解放前，士虎受过多少虐待，他未曾哭过，今天他却再也忍不住了，泪水淌满了面颊。

　　邱少云趴伏在烈火中一动不动。他用惊人的毅力忍受着巨大的疼痛，不让自己发出声来。疼痛使他脸上流淌汗水、渗出油脂，面孔已经扭曲变形，他吃力地用眼神向李士虎表示：我死……也……不会动。

各级指挥所里，空气紧张到了极点。烈火在潜伏地燃烧，使他们意识到最坏的情况发生了，有人会被烈火烧着。每个人都明白问题的严重性：敏感的肉体在烈火中燃烧，痛苦是难以想象的。即使战士能以顽强的毅力压制住呻吟，那剧烈疼痛所引起的身体的本能抽动则是任何人也无法控制的。在这样的节骨眼上，只要他动一动，就有可能被不远处的敌人发现，那么整个班排、整个潜伏部队、整个作战计划就要暴露，到手的胜利就要丢失。指挥员的眼睛紧紧贴住望远镜，一刻也不敢离开前方燃烧的地方。

团长的手，按上了步话机。

营长的手，按上了步话机。

连长的手，按上了步话机。

各级指挥员都做好了一切准备：一旦军、师首长下达命令，他们将立即指挥自己的部队不惜一切代价对391高地发起攻击。

师长在师指挥所里急躁地看着表，看着太阳，他甚至怀疑自己手表的准确性，用力摇了几次。时间过得太慢了，表上的指针就像黏在了表盘子上似的。现在的时间是上午 10 点 20 分，离傍晚发起总攻的时间还有 7 小时 10 分。7 小时 10 分钟，对于遇到极大困难的潜伏部队来说，该是怎样的难熬！前方潜伏区里火焰的每一下跳动，都燎烤着他的心。他这一生曾指挥过无数次战斗，有顺利的，也有失败的，但从没有哪一次像今天这样心情紧张。他知道，担负重大责任的指挥员在这个时刻尤其应保持绝对的冷静——现在，还不能说潜伏作战的成败，他必须充分相信自己的战士，于是他极力克制着冲动，忍耐着，等待着……

这时，九连指挥所里传来潜伏区的报告："烈火烧着了一排三班战士邱少云。潜伏区内情况平静。"

"邱少云？"王明思几乎不能抑制地跳起身，他眼前浮现着一个顽强地忍受痛苦的战士形象，这战士是那样瘦弱，闷不作声，心灵受过深深的创伤。王明思觉得，烈火仿佛烧在自己的身上。

刚才还十分冷静的指导员，还在用语言制止过别人冲动的王明思，此刻却无法抑制冲动："好呀！王八蛋！我上去看看，我去……"

连长制止了他："王明思同志，你应该冷静。潜伏区里还有几百名同志。"

他两手紧紧捏在一起，"王八蛋！我不会轻饶你们！"

一秒……二秒……三秒……邱少云在烈火中一动不动。剧痛已折磨得他精疲力竭，呼吸困难。他极力支持着，不让自己松懈下去。现在，只要一松懈，就再也没有力气与疼痛作斗争了。

他在烈火中已经熬过了30分钟的艰难时刻，再有7小时就可以向敌人发起冲锋了。

他的嘴唇咬出了血，眼前是一片红雾。面孔、头发都在火焰中噼啪爆响，疼痛一次又一次快速向他袭来。突然，他两手一阵痉挛，头无力地倒向一边。

渐渐地，白云在他眼前消失了，蓝天在他眼前消失了，他的视力被烈火烧得模糊了起来，周围的一切声音也中断了。他恍惚觉得掉进了水潭，身体越来越沉……他拼力挣扎，极力用两眼向前看着，极力用耳朵向四处听着——

啊，他听到了！"在伟大的抗美援朝战争中，我们的名字不书英雄榜，便涂烈士碑！"这是师长在鸭绿江边发出的誓言。

"人，就是这样，只有把自己和人民的整体利益融汇在一起的时候，他的生活才有价值，他的生命才有意义，无论他活着还是死去，人民都会永远怀念他！"这是指导员的声音。

他的心异常平静，没有一丝沮丧、痛苦。他使劲扭过脸去，瞧了瞧土坎下的炸药包，想再看看自己的战友。可是，眼前只剩下一片模糊：草，没有了；火，没有了；战友们可爱的脸也看不到了。

不行！再看看……再看看……他拼力睁大眼睛，又一次向两边看去。啊！看见了……士虎的脸是圆的……小黄的脸……是尖的……怎么？小黄在……用手抹……眼泪……一种对战友的怜惜感情，使他奇迹般恢复了视力，终于，他的目光与战友们相遇了。

这是怎样的一种目光？那目光里虽有极大的痛苦，而凌驾于痛苦之上的，是神圣而崇高、自豪和光荣。从他眼光里，邱少云的战友们知道：他对他们不能去援救自己而毫不怨恨，正因为他们不来援救自己，才帮助他实现了保卫整体、保卫胜利的愿望。

战友们含泪向他点点头，他看到了，满足了。他想用微笑向战友们致谢！他用尽全身力气这样做了！他双手深深地插进泥土中，一动不动，像一块不可撼动的岩石……

烈火吞噬了一个年轻的生命，却在中国军史上留下了一个伟大的名字：邱少云。

这位四川籍的战士用最坚忍的潜伏，完成了中国士兵最勇敢的突击。

烈火可以燃尽一切，却无法让他为之一动；烈火可以夺去他的生命，却无法夺去他那颗高尚的灵魂；烈火可以熔化他的身躯，却无法熔化他坚如钢铁的意志。他用他的牺牲，换取了其他人的生！

终于，开阔地上的火焰熄灭了，烟也消散了，烧红的云彩又恢复了先前的洁白。大朵大朵的白云向一起聚拢，汇集着，静静地向天边飘去……

指挥员们的手离开了步话机——悬在心头的石头落地了。看来，潜伏计划已万无一失。大家都放心地舒了一口气。

突然，步话机里响起九连长的报告："邱少云同志在火烧中牺牲了！"

什么？师、团首长的心顿时像被什么东西揪住，一股强烈的感情猛烈冲击着他们的全身：胜利是怎样换取的？万无一失是怎样得来的？火、血、肉、生命……每个人的眼睛都湿润了。尽管他们并不熟悉这个普通的战士，甚至第一次听到这个名字，但他们都被这个战士的精神感动了。所有的人不约而同地脱下军帽，为这位为整体、为胜利而自我献身的英雄哀悼！

连指挥所里，指导员王明思慢慢放下望远镜。他凝望着开阔地，胸口像堵了一团乱麻，绞得发痛。战士们的入团、入党申请书就贴在他的胸口。就在十几个小时前，他还听见那个战士简短的誓言："假如我在这次战斗中牺牲了，只希望党组织承认我是一名共产党员！"

王明思的眼里含着泪水，泪水模糊了视线。他想立即组织冲锋。但想到整个作战计划，又不得不克制住感情，和连长程子英一起极力地忍耐着，忍耐着……

各级指挥所里，又恢复了寂静。

师长不停地看着手表；

团长不停地看着手表；

营长不停地看着手表；

程子英和王明思也不停地看着表——3点……5点……5点25分……5点30分！

复仇的时刻到了！

下午5点30分，三颗信号弹腾空而起，猛然间，愤怒的炮弹，呼啸着飞向敌人阵地，391高地上顿时天崩地裂，腾起冲天的烈焰。

霎时间，埋伏在草丛中的几百颗"定时炸弹"一齐爆炸了。

"为邱少云烈士报仇！"连长程子英高喊着冲出掩体！

"为邱少云烈士报仇！"指导员王明思高喊着冲了上去！

"为邱少云烈士报仇！"班长带领爆破组一头钻进火海。顷刻间，391高地变矮了！畏缩了！屈服了！到处杀声连天，到处火光闪耀。遭受突然袭击的敌人惊慌失措，蝗虫般钻出坑道，把一切火力倾泻过来，进攻的部队被卷在钢铁的旋风里。前进部队受阻，出现了伤亡。

"连长，那个核心地堡我去炸掉它！"李士虎指着喷火的地堡大声喊。他抱起邱少云留下的16公斤炸药包冲了过去。

他的身影在火海里左突右闪，以超过平时的速度前进，很快就接近了敌核心地堡。敌人的两挺机枪开火了，火舌贴地喷着光亮，李士虎接连颤抖两下，身负重伤。

"连长，我上！"小黄大喊。没等他跳上前去，只见李士虎忍着剧痛跃身而起，又向地堡扑去。"为了祖国！为了朝鲜！"他高喊一声，将战友留下的炸药包塞进地堡里。

"轰！"地堡被火光掀上了天空。

与此同时，小黄也在左侧爆炸了一个双层地堡。突击排长带着全排向敌工事扑了上去。一枚枚手雷、一根根爆破筒投进敌人的工事、地堡，敌人死的死伤的伤，活着的见势不妙四处逃窜。敌人逃到哪里，哪里就有志愿军复仇的子弹。

轰！轰！轰！

一阵接一阵巨响，整个山头像被送上了天空。"冲啊！为了朝鲜！为了祖国！为了邱少云！"程子英一声怒吼，几百名战士迎着枪林弹雨，冲向391高地。

两颗红色信号弹飞向天空，敌人一个加强连全部被歼，391高地被我军占领，从发起进攻到全部解决战斗只用了30分钟。

05 尾 声

鲜红的战旗飘扬在 391 高地的上空。

战友们站在高高的山巅上，久久地凝望着邱少云牺牲的地方。邱少云生前使用的钢枪枪托已烧成了炭黑色，但枪身依然完整。就是这支残破的枪，曾经紧贴过英雄最后的心跳。他们的眼前，又浮现出那个纪律重于生命、以牺牲自己保证潜伏胜利的战友的身影。他们怀着深深的敬意，把英雄的名字镌刻在 391 高地陡峭的石壁上，让人们永远记住这个在烈火中永生的战士。

此后，志愿军政治部组织了在前线作战中涌现的英雄事迹报告团，在志愿军各部队作巡回报告。一时间，邱少云的英雄事迹传颂在前线的各个角落，给憋足了劲的战士们心中又添了一把火，鼓舞了更多的战士成为英雄。

邱少云所在部队、亲属收到了各方赠送的锦旗，其中：中国人民赴朝慰问团赠给邱少云烈士的锦旗上写着"献给中国人民志愿军伟大战士邱少云永垂不朽";志愿军第十五军全体指战员献给邱少云烈士亲属的锦旗上写着"祖国人民的光荣";四川省人民政府和四川省抗美援朝分会赠给邱少云烈士亲属的锦旗上写着"光荣之家"。

邱少云的英雄事迹在朝鲜人民军和朝鲜人民中产生了强烈反响,朝鲜民主主义人民共和国最高人民会议常任委员会特别发布政令,追授邱少云烈士"朝鲜民主主义人民共和国英雄"称号,同时追授金星奖章和一级国旗勋章。朝鲜人民的领袖金日成将军给烈士家属赠送了礼品。

为了缅怀邱少云烈士的不朽功绩,1953年3月,祖国人民把烈士的忠骨运回了祖国,安葬在沈阳抗美援朝烈士陵园。每逢清明节,成千上万的工人、农民、战士、学生都要到烈士墓前扫墓,奠祭英灵,寄托他们的崇敬和哀思。

英雄家乡的人民为了纪念邱少云烈士,于1959年秋天在铜梁县巴山镇凤山之巅,修建了邱少云烈士纪念馆。全馆由纪念碑和英雄事迹陈列厅两部分组成。邱少云烈士纪念碑高15米,碑顶是

5米高的烈士青铜像，碑名由朱德元帅题写。英雄事迹陈列厅展出烈士衣物、图片和辅助陈列品共计250余件，展示和歌颂了邱少云烈士的光辉一生。彭德怀、张爱萍、秦基伟、迟浩田等几任国防部长先后为烈士纪念馆题了词。邱少云烈士纪念馆建成以来，已经接待参观群众400多万人次，朝鲜代表团分别于1984年、1990年两次专程来到这里缅怀英烈。现在纪念馆先后被国务院民政部、中宣部命名为"全国重点革命烈士纪念建筑保护单位""全国爱国主义教育示范基地"。

诗人郭沫若听到邱少云烈士的事迹后，感慨万千，写下了题为《咏邱少云烈士》的赞颂诗句："援朝抗美兄弟多，烈士少云事可歌；高地名传391，寇军徒念阿弥陀；戳穿纸虎功长在，缚住苍龙志不磨；邻国金星留纪念，英雄肝胆壮山河。"

1992年，在纪念邱少云烈士牺牲40周年时，江泽民题词："发扬邱少云精神，建设过硬部队。"

1996年，经中央军委批准，邱少云被列入在全军连以上单位悬挂的8个英模画像之一。

2009年9月，邱少云被评为"100位新中国成立以来感动中国人物"。

祖国，永远不会忘记自己的忠诚战士。人民，永远不会忘记自己的优秀儿子。邱少云永远和亲爱的祖国在一起。

邱少云——这个普通而又伟大的战士已经被人们作为视纪律重于生命的典范而载入我军史册。

后　记

　　60 多年来，英雄烈士邱少云虽已远去，长眠在沈阳志愿军烈士陵园。但他始终没有离开过我们，永远地活在中朝人民的心中：人们从曾与他一起战斗过的战友的追思文章中、从当年参加抗美援朝老战士的回忆录中、从军史学家研究的著作中、从文学家的文学影视作品中、从中国人民革命军事博物馆和邱少云家乡纪念馆，以及原部队军史馆陈列的他的遗物和事迹介绍中，处处都可真切地感知到他的存在，聆听着他的故事，铭记着他的英名。他的名字早已成为严守纪律、自我牺牲精神的象征，教育和影响着一代又一代的中国人民。邱少云的精神是永恒的！随着时代的发展，我们更加怀念他！敬仰他！为使他的事迹和精神得以更加广泛地传颂，我们也需要不断地书写他！

本书是在前人研究成果的基础上，从邱少云烈士平凡而伟大的一生中选取的最具代表性的英雄事迹，结合中国革命发展历程和英雄烈士的人生经历，在充分尊重史实的前提下，编写成的这本故事汇，力求用一系列好看的英雄故事传递一种伟大的精神。在编写过程中，得到军事科学院军队政治工作研究院沈志华院长、崔连杰政委的大力支持，解放军党史军史研究中心郭志刚主任、曲宝林副主任给予了具体的指导和帮助。成稿之后，还请姜铁军、翟清华、张从田、武运鄂、褚银、康月田等多位专家学者进行了审读。

主要参照的书籍和资料有：《抗美援朝战争史》（军事科学院编／军事科学院出版社），中共党史人物传《邱少云》（张国华编著／中共党史出版社），《志愿军英模功臣烈士英名录》（总政治部组织部编／长征出版社）、中国人民解放军挂像英模传记丛书《邱少云》（姜安编著／蓝天出版社），《邱少云》（陆尔久编著／中国少年儿童出版社），中外名人故事丛书《邱少云》（张志华　陈冬编／中国和平出版社），《邱少云的故事》（殷宪恩编著／中国社会出版社），《邱少云的故事》（华成编著／花山文艺出版社）。同时还有中国人民革命军事博物馆、重庆市铜梁区邱少云烈士纪念馆、空军第十五军军史馆提供的资料等。

在此，谨向关心和帮助的各位领导、专家学者，以及上述作者、编辑致以最诚挚的谢意！

编　者

2018 年 12 月

图书在版编目（CIP）数据

邱少云 / 军事科学院解放军党史军史研究中心编写组编著
. --北京：学习出版社，2019.5（2021.5重印）
（中华先烈人物故事汇）
ISBN 978-7-5147-0915-5

Ⅰ.①邱… Ⅱ.①军… Ⅲ.①邱少云（1926-1952）—传记
Ⅳ.①K825.2

中国版本图书馆CIP数据核字（2019）第091142号

邱少云
Qiū Shàoyún

军事科学院解放军党史军史研究中心编写组

责任编辑：张　俊	封面绘画：刘书移
技术编辑：周媛卿　聂夏菲	内文插图：韩新维
美术编辑：杨　洪	

出版发行：学习出版社
　　　　　北京市东城区崇外大街11号新成文化大厦B座11层
　　　　　（100062）
　　　　　010-66063020　010-66061634　010-66061646
网　　址：http://www.xuexiph.cn
经　　销：新华书店
印　　刷：北京盛通印刷股份有限公司

开　　本：787毫米×1092毫米　1/32
印　　张：6
字　　数：85千字
版次印次：2019年5月第1版　2021年5月第12次印刷

书　　号：ISBN 978-7-5147-0915-5
定　　价：23.00元

如有印装错误请与本社联系调换，电话：010-67081356